URBAN
RAIL
TRANSIT

城市轨道交通客运组织

白 洋 主编　李建立　付旭东　副主编

·北京·

内 容 简 介

本教材从高职高专相关专业课程的教学大纲及地铁车站站务员、客运值班员、值班站长岗位能力的要求出发，通过七章内容详解城市轨道交通客运组织的相关知识与应用，具体包括城市地铁线路与车站、城市地铁车站设备、城市轨道交通车站设备故障应急处理、城市轨道交通客流预测与分析、城市轨道交通车站客运组织工作、城市轨道交通常态大客流应对与控制、城市轨道交通车站运作管理。本教材遵循"理实一体化"的教学理念，在阐述基本概念和基本原理时，以应用为重点，深入浅出，结合插图，联系实例，内容通俗易懂。教材配套有教学微视频、拓展阅读，可扫描书中二维码获取。

本教材可作为高等、中等职业教育城市轨道交通专业及相关专业的教材和教学参考用书，还可作为城市轨道交通客运岗位的职业培训教材，同时也可供从事城市轨道交通规划、建设和运营的专业技术人员参考。

图书在版编目（CIP）数据

城市轨道交通客运组织/白洋主编．—北京：化学工业出版社，2021.6
ISBN 978-7-122-38864-3

Ⅰ.①城… Ⅱ.①白… Ⅲ.①城市铁路-轨道交通-客运组织-高等职业教育-教材 Ⅳ.①U239.5

中国版本图书馆CIP数据核字（2021）第059618号

责任编辑：张　阳　李彦玲　　　　　　　　　装帧设计：张　辉
责任校对：王素芹

出版发行：化学工业出版社（北京市东城区青年湖南街13号　邮政编码100011）
印　　装：三河市双峰印刷装订有限公司
787mm×1092mm　1/16　印张10　字数260千字　2021年6月北京第1版第1次印刷

购书咨询：010-64518888　　　　　　　　　售后服务：010-64518899
网　　址：http://www.cip.com.cn
凡购买本书，如有缺损质量问题，本社销售中心负责调换。

定　　价：39.80元　　　　　　　　　　　　　　　　版权所有　违者必究

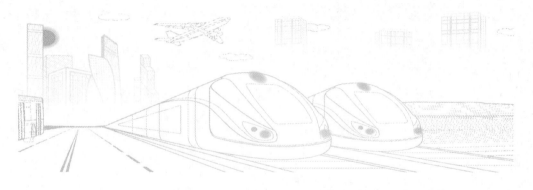

前言

"十三五"期间,我国持续优化城市轨道交通网络和城市公共交通体系。截至 2020 年 11 月,中国(不含港澳台)已有 42 座城市开通了轨道交通,运营线路总计 219 条,运营总里程超 6905 公里,服务人口规模达 3.9 亿。乘坐地铁逐渐成为大中城市人民群众日常出行的首选。城市轨道交通要依靠系统的安全性和运营的高效性,而城市轨道交通系统设备先进、结构复杂,高新技术应用越来越普及,要保障这样庞大的系统安全、高效,必须依靠与之相协调的高素质人员。高素质人员需要高质量与专业的理论与技能来支撑,因此城市轨道运营行业亟需一批优质课程与高水平教材。

城市轨道交通客运组织课程是城市轨道交通运营管理专业的核心专业课之一,是适应城市轨道交通站务员、客运值班员、值班站长等工作岗位的必修课程,是城市轨道交通客运组织基本技能的训练课程,也是获取初、中和高级客运值班员职业资格的主要教学课程。通过学习本教材,可以培养学生在城市轨道交通客运组织方面的理论知识与职业能力,培育其良好的沟通能力和团队协作精神,使其获得强烈的责任意识与稳定的心理素质,为今后从事较复杂的客运组织工作打下基础。

本教材遵循学生认知规律和职业成长规律,教学内容由浅入深、循序渐进,主要包括城市地铁线路与车站、城市地铁车站设备、城市轨道交通车站设备故障应急处理、城市轨道交通客流预测与分析、城市轨道交通车站客运组织工作、城市轨道交通常态大客流应对与控制、城市轨道交通车站运作管理 7 部分内容。全书内容简明扼要,资料数据和实例丰富。教材中配套有教学微视频、拓展阅读,可扫描书中二维码获取。

本书由江苏建筑职业技术学院白洋担任主编,中铁二十四局李建立、北京恒诺文化有限公司付旭东担任副主编,江苏建筑职业技术学院倪蓉、肖藏岩、赵晓晓,江苏安全职业技术学院金月娥,江苏省铜山中等专业学校刘艳宇、潘晶参编。本书为江苏建筑职业技术学院与北京恒诺文化有限公司校企合作教材。书中引用了部分同行的研究成果,编者在此一并表示衷心感谢!

由于水平所限,书中难免有不妥之处,衷心希望读者提出宝贵意见,以便进一步修订完善。

编者

2021 年 2 月

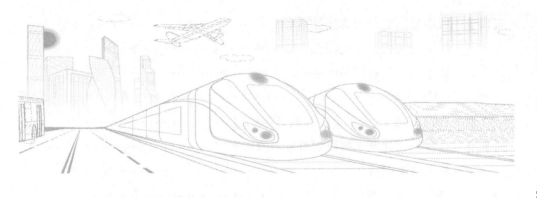

目录

第一章　城市地铁线路与车站　1

第一节　城市轨道交通线路与车站位置设计　1
一、城市轨道交通线路位置设计　2
二、城市地铁车站位置设计　5

第二节　城市地铁车站类型与规模　7
一、城市地铁车站的类型　7
二、城市地铁车站的规模　8

第三节　城市轨道交通车站的组成及总体布局　9
一、城市地铁车站组成设计　9
二、城市地铁车站总体布局设计　10

本章实践　22

第二章　城市地铁车站设备　23

第一节　城市轨道交通环境控制系统　23
一、城市轨道交通环控系统的分类及功能　23
二、城市轨道交通环控系统的设备　24
三、环控系统设备的运行　26

第二节　城市轨道交通屏蔽门系统　26
一、屏蔽门系统概况　27
二、屏蔽门统的特点及功能　27
三、屏蔽门系统的设备构造　28
四、屏蔽门系统的运行控制模式　29

第三节　城市轨道交通机电设备自控系统　30
一、城市轨道交通车站 BAS 的主要功能　30
二、城市轨道交通车站 BAS 设备组成　30
三、城市轨道交通车站 BAS 的控制等级　31

第四节　城市轨道交通火灾报警系统 ·· 32
　　一、轨道交通建筑系统的火灾特点 ·· 32
　　二、城市轨道交通的消防系统防火要求 ······································ 33
　　三、FAS 的组成 ·· 33
　　四、FAS 和 BAS 对火灾工况的运行控制 ·································· 36
第五节　城市轨道交通车站照明系统和给水系统 ··························· 37
　　一、城市轨道交通车站照明系统 ·· 37
　　二、城市轨道交通车站水系统 ·· 38
本章实践 ··· 39

第三章　城市轨道交通车站设备故障应急处理　40

第一节　车站消防设备运用 ··· 40
　　一、城市轨道交通的消防系统防火要求 ······································ 40
　　二、车站消防设备 ·· 41
第二节　自动扶梯操作程序及故障应急处理 ·································· 49
　　一、自动扶梯的编号识别 ·· 49
　　二、安全提示 ··· 50
　　三、自动扶梯的开启操作 ·· 51
　　四、开梯操作注意事项 ·· 51
　　五、自动扶梯的关闭操作 ·· 51
　　六、改变自动扶梯运行方向操作 ·· 51
　　七、紧急停止操作 ·· 52
　　八、钥匙管理要求 ·· 52
　　九、故障及异常情况处理注意事项 ··· 52
第三节　屏蔽门操作程序及故障应急处理 ······································ 53
　　一、屏蔽门设备简介 ··· 54
　　二、屏蔽门设备操作 ··· 54
　　三、屏蔽门故障应急处理 ·· 57
本章实践 ··· 60

第四章　城市轨道交通客流预测与分析　61

第一节　城市轨道交通需求 ··· 61
　　一、城市轨道交通需求的基本特征 ··· 61
　　二、城市轨道交通发展的制约因素 ··· 62
第二节　客流预测 ··· 63

  一、客流预测概述 ………………………………………………… 63
  二、客流预测模式 ………………………………………………… 63
  三、客流预测方法 ………………………………………………… 64
  四、客流预测的主要内容及预测程序 …………………………… 66
  五、不同阶段客流预测工作的要点 ……………………………… 68
 第三节 客流调查 ………………………………………………………… 69
  一、客流调查种类 ………………………………………………… 69
  二、客流调查汇总指标 …………………………………………… 70
  三、客流分析 ……………………………………………………… 71
 本章实践 ……………………………………………………………………… 73

第五章 城市轨道交通车站客运组织工作 74

 第一节 城市轨道交通客流 ……………………………………………… 74
  一、城市轨道交通客流分类 ……………………………………… 75
  二、客流时间特点分析 …………………………………………… 75
  三、节假日客流特点分析 ………………………………………… 78
  四、客流空间不均衡性特点分析 ………………………………… 79
  五、轨道交通网络化客流特征 …………………………………… 81
  六、换乘客流特点分析 …………………………………………… 82
  七、换乘乘客需求特征 …………………………………………… 83
  八、终端站客流特点 ……………………………………………… 84
  九、客流敏感性分析 ……………………………………………… 84
 第二节 客流预测 ………………………………………………………… 85
  一、轨道交通客流预测的内容 …………………………………… 86
  二、客流预测方法 ………………………………………………… 87
  三、轨道交通客流预测方法的评价标准 ………………………… 93
 第三节 城市轨道交通车站客流组织 ………………………………… 94
  一、乘客乘车流程及流线、乘客需求和客运设施分析 ………… 95
  二、城市轨道交通客流组织原则及措施 ……………………… 101
 第四节 城市轨道交通特殊情况客流组织 …………………………… 107
  一、大客流组织 ………………………………………………… 107
  二、突发事件客流组织 ………………………………………… 113
 本章实践 …………………………………………………………………… 118

第六章 城市轨道交通常态大客流应对与控制 120

 第一节 城市轨道交通大客流 ………………………………………… 120

一、城市轨道交通大客流的分类 …… 120
　　二、人群流动的主要因素 …… 122
第二节　地铁行人运动及疏散 …… 125
　　一、行人运动及疏散的实验研究 …… 125
　　二、行人运动及疏散的经验公式 …… 127
第三节　城市轨道交通车站大客流疏导措施 …… 128
　　一、北京地铁车站大客流疏导措施 …… 128
　　二、上海地铁车站大客流疏导措施 …… 129
　　三、广州地铁车站大客流疏导措施 …… 129
　　四、香港地铁车站大客流疏导措施 …… 130
　　五、东京地铁车站大客流疏导措施 …… 130
　　六、纽约地铁车站大客流疏导措施 …… 130
本章实践 …… 130

第七章　城市轨道交通车站运作管理　131

第一节　站务员客服中心岗位职责及作业流程 …… 131
　　一、车站组织架构 …… 131
　　二、站务员客服中心岗位的职责及作业流程 …… 132
第二节　站务员巡视岗位职责及作业流程 …… 136
　　一、通用标准及岗位技能 …… 136
　　二、岗位职责及作业流程 …… 137
第三节　客运值班员岗位职责及作业流程 …… 139
　　一、通用标准及岗位技能 …… 139
　　二、岗位职责及作业流程 …… 140
　　三、地铁值班员作业标准 …… 142
第四节　值班站长岗位职责及作业流程 …… 143
　　一、通用标准及岗位技能 …… 144
　　二、岗位职责及作业流程 …… 144
第五节　车站日常运作管理 …… 147
　　一、开站客运准备工作 …… 147
　　二、关站客运准备工作 …… 148
本章实践 …… 150

参考文献　151

第一章　城市地铁线路与车站

城市轨道交通运输能力与其他交通工具相比，具有运量大、速度快、准时、能耗省、安全性好、舒适、能引导城市结构合理发展的优点，同时还能节约道路资源，极大地缓解环境污染状况，减轻城市交通压力，是当前各大城市解决交通拥挤问题的首选方式。从国际城市交通的发展现状来看，城市地铁交通已经成为各个发达国家和地区最主要的交通工具之一。

我国城市轨道交通基础设施建设起步晚，虽然自20世纪90年代末才开始发展，但目前已成为世界上最大的城市轨道交通市场，城市轨道交通产业发展迅速。

城市地铁车站设计是地铁运输计划的重要组成部分。我国城市都在地铁建设过程中经历了建设规划和设计经验积累的阶段，随着地铁运输所承担的交通量的逐渐增加，运行高峰期间部分线路运行能力严重不足、拥挤严重，特别是部分特定地区容易发生突发事件或意外事故，因此应根据可持续发展的要求，按照城市地铁运输发展规律实现社会经济、资源环境、城市交通之间的协调发展。

第一节　城市轨道交通线路与车站位置设计

【学习目标】
1. 熟悉城市轨道交通线路与车站位置设计要素。
2. 掌握城市轨道交通车站的分类。
3. 掌握城市轨道交通车站规模的划分原则。
4. 熟悉城市轨道交通车站的组成。
5. 熟悉城市轨道交通车站各部分布局设计要点。

城市轨道交通建设是一个非常复杂的工程项目，对城市外围开发和城市内部交通网络计划的推进起着非常重要的作用。其中，地铁运输的选线工作是设计的"先导"，不能忽视地铁运输系统内部线路之间或其与其他运输工具的联系。它的设计的特点是范围广、复杂性大、劳动强度大、责任大等。在路线选择方案确定的条件下，交通网络上的节点——地铁车站的设计更加艰巨。好的车站选址方便乘客乘车，同时可以提高地铁交通运输运营效率。

城市轨道交通建设投资大，费用高，建设周期长，完工后难以变更。设计方案的不成熟会在地铁运输的建设和运行中造成不可估量的损失。

本节主要介绍城市轨道交通线和车站位置的设计原则，城市轨道交通线与其他交通线的连接，以及影响轨道站点布局的主要因素等。通过学习应初步掌握城市轨道交通线路和车站位置的一般设计知识,为以后的地铁客运组织工作打下良好的基础。

一、城市轨道交通线路位置设计

城市轨道交通线位置的设计应结合城市的社会、经济和交通发展需求,城市建设总计划及城市客运总计划提出方案。城市轨道交通线位置设计要符合城市发展规划,方向要与城市交通走廊、城市主要客流方向一致,满足交通需求是其主要目标。图 1-1 所示为徐州市城市轨道交通(一期)线路图。

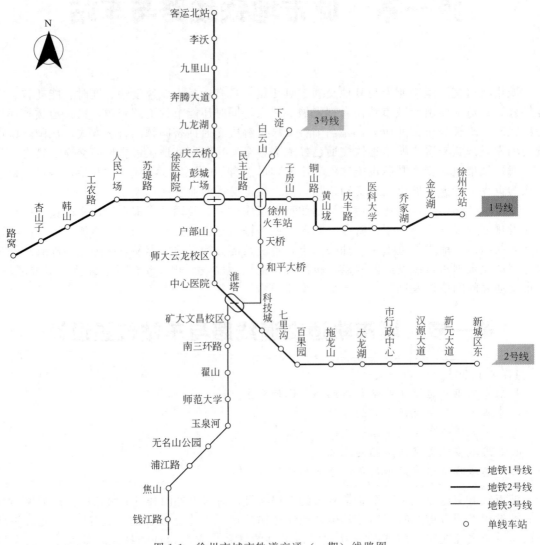

图 1-1　徐州市城市轨道交通(一期)线路图

1. 城市轨道交通路径位置的设计原则

城市轨道交通的主要乘客是沿本市和郊区来往的固定人员,因此轨道位置的设计要充分考虑沿线范围内吸引乘客的便利因素,科学规划。一般路线位置的设置要考虑到城市建设和安全,主要沿着城市的交通干线公路建设。与此同时,在城市地铁运输线位置设计中,不能只强调单一地铁运输线系统的建设，而忽视地铁运输线系统与其他交通线系统的联系，也不能只重视单一地铁运输线建设和工程设计层面的研究，而忽视地铁运输系统内个别线之间的整合。否则可能导致地铁运输系统内的客流不畅和不便。

城市轨道交通线位置设计应遵循以下原则：

① 最少的地铁运输总里程引出最大的运行量，最先建设的路线应该是最紧迫的路线。

② 路线方向要与城市主要客流方向一致，连接城市主要客流发生源，最大限度地提高使用效率。

③ 作为城市交通枢纽的地铁交通要与现有交通工具相结合，共同发展。要结合公共交通设施，建立大型换乘中心，成为城市开发的副中心或新区开发的先驱及支援点。

④ 结合城市建设计划和旧城改造计划，确保地铁运输建设计划的实施可行性、连续性和工程技术上的经济性、合理性。

⑤ 要结合城市规划的实际工程地质条件、建设方法和各条路线的建设顺序，选择易于实施、成本合理的方案。条件场所尽可能使用上升或地面形式。

⑥ 要结合城市规划和城市环境，选择对城市最小干扰的方案。

⑦ 考虑到城市轨道交通和其他运输方式运营管理系统的差异，应选择双方都能接受的方案。

⑧ 城市轨道交通线设计应满足公路网长期客流的要求，满足城市轨道发展长期规划的要求，有利于城市未来的可持续发展。

2. 城市轨道交通线与其他交通线的连接

城市轨道交通线设计要建立在城市公共汽车或社会车辆用大型停车场、自行车停车点、公路、地铁、机场等良好的路线接口，满足各种交通工具之间快速、便捷的换乘要求。要完成各种交通工具之间的良好联系，必须在全市进行交通一体化设计。通过交通整合规划和设计，为城市枢纽地区提供良好的交通发展环境，提高地铁运输收集和客流缓解能力，最终实现城市综合客运系统的社会和经济效益。

(1) 城市轨道交通线与其他交通线的连接原则

各种交通线路的有效连接对客运起着非常重要的作用。因此，接入方式应充分考虑到各方乘客，反映出交通的便利和舒适。

城市轨道交通线路与其他交通线路之间联系的基本原则是：要以整个城市交通系统为中心，考虑规划的整体性、协调性、便利性、政策性、合理性，使各种交通方式分工合作，充分发挥交通网络的运输能力，以便更好地服务城市的发展和乘客的流动。

(2) 城市轨道交通网和公交线路网的联系和换乘

要把城市轨道交通网和公交线路网的关系当作主干线和支流的关系。城市轨道交通以缓解城市主干道的中远距离的客流压力为目的，一般具有运量大、快捷、准时、舒适的系统特征。公共汽车及地铁运能虽小，但很灵活，可以把乘客转移到四面八方，是中、短距离运输的主角。根据这两者的特点，在交通规划中要注意互相衔接，以便换乘，使两者发挥更大的作用。具体措施如下：

1) 建立地铁运输和公共汽车紧密连接的公共汽车换乘枢纽

要在流量最大的综合枢纽上提供连接公共汽车站用地，设置公共汽车换乘枢纽，通过三维换乘通道实现三维连接和"零换乘"。另外，根据地铁运单周围公共汽车站的位置，在不影响道路交通的情况下，调整公共汽车站和地铁站出入口的距离，必要时设置三维步行换乘通道，缩短换乘距离，促进客流移动。

2）调整地铁运输衔接的公交路线，形成优势互补的公共交通网络

结合道路结构和功能，从"线、面、点"三个方面重组公共交通系统资源，实现普通公共汽车和地铁运输之间的优势互补。调整与轨道交通运输平行、重叠的公交路线，保持适当的规模作为辅助路线，在局部客流较大的地铁运输线的一个区间保留一些公交路线，起到分流的作用，但重叠长度不能太长。以放射形式与轨道交通站点相接的公交路线，不仅要减少与地铁路线重叠的路线，还要减少与"十字"相交的地铁网重叠的路线。与此同时，城市新建区、较大客流区与新道路相应地段应增加公交路线与地铁线路，运输主要客流；将地铁运输线两端的地面常规公共交通线的终点尽可能地聚集在地铁运输终点，构成换乘站；改变地面常规公共交通路线，尽可能与地铁交通站交叉换乘。

3）建立综合枢纽站和地面常规交通的接驳站

以地铁交通站为核心组织短距离连接公共汽车，加强大型工业区、商业区、行政区、主要居住区等客流的收集和疏散，延长网络辐射。

综合枢纽站。综合枢纽一般采用先进的设施和站房空间立体连接，合理组织人和车，方便人员流动，使交通畅通，易于管理。比如深圳市福田综合枢纽换乘中心将地铁运输、市内公共汽车、郊区公共汽车、长途公共汽车合并为一个综合换乘枢纽，对整个城市的秩序产生了深远影响。

大型接驳站。是指位于地铁交通第一站、区域中心及换乘量大的车站的换乘点。这里布置的地面一般公共交通线路主要为特定扇面方向的地区提供服务。

一般接驳站。是指轨道交通车站与地面常规公共交通线中间站的换乘点，一般多位于紧张的市区。在规划设计时，要充分考虑轨道交通换乘量大的特点，将公交车站设置为港湾式停车站，并尽可能靠近地铁车站出入口。

(3) **城市地铁线和郊区地铁线的联系和换乘**

对于城市地铁线和郊区地铁线的联系和换乘，国内经验不多，国外一般有两种方法。

① 市郊铁路深入市区，在市区形成贯通线，向外辐射。城市地区有多个站点与城市轨道交通相连。

② 利用原有铁路开行市郊列车，郊区列车一般从人不多的市区出发时，起点站在市中心边缘，在起点站将城市轨道交通与地面常规公共交通工具进行换乘衔接。

(4) **城市地铁线和地面地铁车站之间的联系和换乘**

在已有火车站站前广场或车站另建地下城市火车站，利用入口通道或平台三维通道与地铁站连接。建设地面或高架城市轨道交通站，进行客流的统一组织规划。在新建或改建的火车站，将城市地铁交通站一同考虑，形成综合交通建筑，方便乘客换乘。

(5) **城市轨道交通和个人交通工具的联系和换乘**

1）与机动车的连接和换乘

市内市郊地铁运输换乘站大体上设计或预订了大面积的汽车停车场，鼓励小型汽车用户停车，转向城市地铁运输，将个人交通转变为公共交通。这种停车场一般安排在连接城市市中心和郊区市中心的主要道路一侧或高等级道路的出入口，这样容易被乘客所接受。市内停车场很有限，随之而来的停车费也很高，很少设计大面积的汽车停车场。

2）与自行车的连接与换乘

自行车的换乘客流一般在车站 500~2000 米以内，因此在市中心地区、郊区和市内主道路附近、居民区、市内主要交叉口的车站设置了一定规模的自行车停车场，为自行车换乘轨道交通提供方便。但是随着城市建设的发展，市中心的场地越来越紧张，在规模较大的车站，可以考虑利用地下空间设置停车场。一般不建议在交通较为敏感的交通性主干路上的地铁交通站和连接对外交通枢纽的地铁交通站设置自行车停车场，以免过度的自行车运行影响公路车交通。

在国外，在地铁站附近，普通公共汽车载客，地铁出口与街对面的通道连接等，缓解了地面交通的压力，促进了人们的移动。我国主要城市尚未形成完整的城市地铁交通网络，很多城市的地铁换乘在很多方面仍然不足。例如，大部分地铁站附近没有汽车停车场和自行车停车位，导致无法关闭私人汽车的客流，且自行车在地铁附近乱停。地铁之间的换乘距离太远等方面也需要改善。加强地铁运输与其他交通工具联系体系的研究将成为城市轨道交通线位置设计的重点。

二、城市地铁车站位置设计

线路建设计划确定后，下一步要考虑的是地铁站的布置位置。地铁站的选址、布局、规模等对其运营效果具有决定性意义。优秀的车站建筑不仅能为乘客提供安全、方便、舒适的承载条件，还能吸引更多的客流，获得更好的运营效益，同时可以美化城市景观，获得经济、社会、环境的综合效益。

1. 城市地铁车站位置设计原则

地铁车站是城市轨道交通的重要组成部分，经常作为连接其他交通的枢纽，车站的位置设计必须与城市其他道路网规划相一致。为了方便乘车，地铁站一般设置在城市居民集中的地方，沿着城市主要交通路线的交叉口、商业繁华区、主要工业区等人流集中的地方分布。

地铁站设置，一方面要考虑吸引客流，里程不能太长；另一方面，要考虑保持一定的运行速度，里程不能太短。地铁线路的里程一般在 1000~1500 米之间，但是到郊区和卫星城市的线路可能比较长。

在进行地铁运输网站布局时，首先要准确预测客流分配点的客流，分析相关地区内的土地布局形态，尽可能以小的地铁运输网络规模运输大客流；地铁站的规模应满足客流分配的未来预测要求，并设置相应的入口数，方便乘客乘车（车站的大小大部分取决于平台的长度，平台的长度应满足未来预测客流的要求，平台的宽度应取决于高峰时间的预测客流）。

要充分考虑地铁运输路线和枢纽的运营特点，节约运营成本，减少居民出行时间，提高网络的运输效率。

轨道车站的选址必须符合城市地形、地质、历史文物等自然条件和人文地理条件的限制要求，以利于路线的布局，保证枢纽和路线的顺利建设和投资者的正常使用。

2. 影响地铁站点布局的主要因素

(1) 客流分布特征

城市土地结构和规划造成的城市客流的分布特征是影响网站布局的最大因素，主要包括：

① 客流分布的不均匀性决定了轨道站点分布的不均匀性。由于居民旅行的随机性和独立性，城市地铁线上形成了不均匀的客流分布点。虽然客流集散点（包括现在和未来的）是轨道交通站点的设置区位，但不是所有客流分发点都需要设置轨道网站，只有在分布式流量的规模和排名达到一定水平时，才应进行设置。客流集散点的规模和等级对轨道网站的规模和等级也有很大影响。

② 客流动态变化要求为网站后续建设留有余地。网站建设不仅要满足最近客流的需求，还要满足未来城市交通发展的需求，所以要充分研究线路网络的客流规模和特点，进行未来

客流预测。为此，要充分了解客流的变化趋势，为现场后续建设留出空间，与其他交通工具结合换乘，充分发挥地面公交车的作用，为构建下一个枢纽奠定基础。

(2) 城市土地利用结构和分布形态

土地利用结构及用地规划模式的不同所产生的城市人口密度、房屋建筑密度、工作岗位密度及商业区的集中程度等对客流的产生及其流向有着重要影响，它们与客流分布点的分散强度和分布状态直接相关，因此会影响地铁站点的分布状态。其主要表现为：

① 一个城市的土地利用结构决定了这个城市的交通需求。土地利用布局、利用特性及利用强度对应不同的交通需求。城市最大的土地利用活动是居住，而居住的转移主要指向就业区，城市人口高度密集的现象几乎大多出现在工作密集型地区附近。一般来说，居住和非居住单位之间的连接是客流的主要来源，能产生这种大客流的土地类型是建立轨道站点的前提。

② 地铁运输路线及站点影响区域内的土地功能组织及建设规划机构，对乘客选择交通工具起着非常重要的影响，直接关系到居民的旅行时间消耗。居民旅行所需的时间是决定轨道网站分布的重要因素。这不仅能反映地铁线路的运行效率，还能反映地铁站点分布的合理性。

(3) 城市性质和空间扩张形态

城市的性质和地位，在战略上决定了城市人口、土地的发展规模和潜力，以及对外部地区的影响，还决定了地铁运输是否需要新的规划建设。城市轨道交通站点的分布状态和城市形态的发展趋势相互影响、相互制约。

① 城市采取的空间扩展模式不同，轨道网站的空间布局模式也将有很大的差异，主要体现在城市布局中的紧凑程度、功能分区的纯度会影响目的地的可达性和居民旅行的密度、旅行距离和旅行模式选择，这可能会影响客流的分布。

② 地铁运输网络的各种分布形态也直接影响城市空间形态的扩张模式。地铁沿线各站点构成了城市空间扩张的发展轴，沿轴连续扩张或沿轴高密度点扩张，使地铁运输路线成为城市空间形态发展的骨架，进而促使城市规划与建设沿轨道交通骨架发展。

(4) 城市的经济水平

地铁运输建设需要巨额投资，而轨道线建设主要是轨道车站建设。据不完全统计，一个地铁站最低投资2亿元，相当于对几公里隧道和区间线建设的投资。因此，城市的经济水平是否能负担地铁运输建设费用，将直接影响地铁吸引客流的规模。地铁运输建设费用巨大，运费比一般公共汽车高，因此乘客的运费负担也是决定客流的关键因素。一个城市的经济水平比较高，发展前景比较稳定，因此对城市地铁票价的承受能力也比较强，地铁运输的客流规模将扩大，有助于确保地铁运输的运营效率。研究结果表明，只有在城市居民年平均收入超过1800美元的情况下，地铁运输的客流规模才能得到保障。同时，由于地铁运输的客流规模直接影响地铁车站站点的规划和布局，因此城市的经济水平对地铁车站站点的布局也有重要影响。

(5) 其他影响因素

1) 列车驾驶技术要求

列车在站间行驶，单纯从列车性能发挥的角度来说，站间距最好均匀分布，并且在一定范围内，站间距越大越好，这样能充分发挥列车运行速度快的优势（列车的运行速度随着平均站间的增大而增快，平均站间距为1.8km的列车运行速度比平均站间距为0.6km时的速度提高近1倍）。但是由于客流分布等的影响，车站间距均匀分布是不现实的。工作站间隔只能视为一个限制,应综合考虑各种影响因素,部署地铁车站站点。

2) 工程影响因素

地铁线路的线型、坡度(例如,既要考虑排水又要使车辆不产生滑溜)及车站的埋深、数量、车辆类型等,直接影响着轨道交通的工程造价及运营效率和安全。因此,站点布设时也要考虑施工的可能性。

3) 城市人文、地理条件

城市的地质、地形、地貌等自然条件会限制轨道站点的规划选址以及站点内部设施的布局形态,并对站点的建筑结构形式产生深远的影响。

站点的规划布局必须遵守国家对历史文物、自然风景区等方面的保护性法规,当站点的选址与之相抵触时必须避让。另外,地面标志性建筑物及地下设施等对站点的选址也有一定的影响,在进行站点布设时,也要考虑保护城市人文地理不被破坏。

第二节 城市地铁车站类型与规模

【学习目标】

1. 熟悉城市轨道交通线路与车站位置设计要素。
2. 掌握城市轨道交通车站的分类。
3. 掌握城市轨道交通车站规模的划分原则。
4. 熟悉城市轨道交通车站的组成。
5. 熟悉城市轨道交通车站各部分布局设计要点。

一、城市地铁车站的类型

城市地铁车站的类型,必须结合城市特有的发展规划、地理条件及经济状况,因地制宜地设计,并与各种车站的建筑施工特点结合起来进行布置。

▶教学微视频◀
轨道交通车站
类型与规模

1. 根据线路的修建位置和担负的运营功能不同分类

(1) 端点站(始发站和终点站)

端点站一般设置在线路两端,除具有供乘客乘降的基本功能外,还可供列车折返、停车检修之用。

(2) 中间站

中间车站一般只供乘客乘坐,但部分中间车站设有存车线、渡线、折返线等,可以让列车折返运行。一般城市地铁站大部分属于中间站。

(3) 换乘站

换乘站一般设置在两条以上城市轨道线的交点处。换乘站除了有乘客乘降的基本功能外,还可以将乘客从一条线路移动到另一条线路,极大限度地节省乘客出站、停车、买机票等的时间。中转站有平面换乘和立体换乘两种形式。

(4) 大型换乘中心站

大型换乘中心站一般设置在各种交通工具集中的换乘场所。对于综合型大型换乘枢纽,为了方便乘客的换乘,可以考虑以高架或地下三维方式与其他交通工具的站台连接。例如,部分换乘枢纽的地下部分是2层,地面部分是5层。地面一楼有长途售票厅、长途候车室、长途乘车区、长途停车区、公共汽车上下乘客区，地面二楼有长途候车室、长途商船区、长途停车区等。地下一层有换乘大厅、地铁换乘区、长途寄宿客区、公共汽车站、出租车上下客区、公共汽车上下客区，地下二层有出租车、社会车辆停车区。各层之间设有多个上下通道。

2. 根据车站建设地点分类

(1) 高架车站

高架车站是设置在本建筑物和设备设施立体的高架建筑物上的车站。大部分城市轻轨站是高架车站。

(2) 地下车站

地下车站是主要建筑物和设备设施安装在地下的车站。根据地下车站的深度，可以分为浅埋车站和深埋车站。大部分地铁站是地下车站。

(3) 地面站

地面站是指本建筑物和设备设施安装在地面上的站。城市轨道不管是地铁还是轻轨，基本上都有地面站。

3. 根据平台和线路之间的关系进行分类

(1) 岛式车站

岛式站台便于乘客换乘其他车。岛式站台需要两条单线和两条隧道，这种布线方式在城市地下条件复杂的情况下灵活性很大。这是国内最常用的一种车站形式。

(2) 侧式车站

在双线道两侧各有侧板的情况下，乘客向其他车辆移动是不利的，侧板的轨道布置集中，有利于区间采用大隧道或双隧道双线，有一定的经济性。但在城市地下条件复杂的情况下，大隧道双线通过反而灵活性差。侧站大部分在城市轨道交通地面站。

二、城市地铁车站的规模

1. 地铁车站的规模等级

城市地铁交通站的规模直接决定了车站的外形大小和整个车站的建筑面积、集散量、设施设备等，因此其规模的设计对城市交通的发展有很大影响。要结合城市交通发展规划科学合理地确定其具体规模。

地铁工程投资巨大，工程投资是否合理是直接影响地铁建设可持续发展的重要因素。地铁站规模是工程总成本控制的主要环节，必须严格控制。车站规模设计合理也有利于地铁设备和运营费用的投入。车站规模控制的主要对象是主体建筑和附属建筑。主体建筑规模依据客流量和设计标准能较好地核定，但是附属建筑受到车站周边环境条件及城市规划的限制，每个站台都有巨大的变化，其规模的合理性只能根据情况进行控制。

城市轨道交通站的规模，车站对客流的未来预测及其位置一般可分为三个等级：

A级——适用于高峰小时客流量超过3万人、地处大型客流集散点和地理位置重要的车站。

B级——适用于客流量较大、高峰小时客流量在2～3万人次，地处市中心或较大居住区的车站。

C 级——适用于客流量较小、高峰小时客流量在 2 万人次以下，地处郊区的车站。

2. 地铁车站规模的主要控制因素

(1) 地铁客流的未来预测

根据长期预测，选择车辆模型并确定车辆分组和计划出发日志，以确定地铁站台的净宽度、楼梯和自动扶梯的总宽度。

(2) 具有特殊功能的车站

① 对于换乘站而言，换乘节点规模和换乘方法的差异均会引起车站规模的较大变化。

② 对于折返站，站内折返线长度控制车站规模，而折返线上层空间一般都很难全部利用，因此这样的车站建筑面积一般比较大。

(3) 环境条件限制

如有车站内或周围河流、运河、公路等环境限制的话，易造成车站规模偏大。

第三节　城市轨道交通车站的组成及总体布局

【学习目标】
1. 熟悉城市地铁车站组成及功能。
2. 掌握城市地铁车站总体布局要求。
3. 掌握城市轨道交通车站客流流线设计布局。
4. 掌握城市轨道交通车站站厅层布局要求及特点。
5. 熟悉城市轨道交通车站通道布置要点。

一、城市地铁车站组成设计

在城市地铁交通站的组成中，必须结合车站所在地的地理条件和经济状况，根据当地实际情况进行设计。

▶教学微视频◀
城市轨道交通
车站平面布置

1. 根据车站的使用功能设计

按使用功能分，大型城市轨道交通系统的车站组成包括站厅、设备区、站台等。站厅分为非付费区和付费区。站厅非付费区设置售票、咨询等服务设施，为乘客提供各类商业服务，站厅付费区是乘客通过闸机或免费通道进入站台候车前应经过的区域，是乘客检票、聚集、疏散的区域。设备区是车站控制室和设备安装区，通常位于车站大厅和平台的两端。平台是乘客候车、乘降及进出列车区域。

2. 根据车站建筑物的空间位置设计

根据车站建筑的空间位置，车站通常包含以下部分。

(1) 地铁车站主体

车站主体被用作列车的停车处，不仅是乘客上车、分散、候车的地方，还是处理运营业务和安装运营设备的地方。地铁车站可以根据其功能分为乘客使用空间和车站办公室。乘客使用空间包括非付费区和付费区。付费区包括站台、楼梯和自动扶梯、导向牌等，是为乘客候车服务的设施。对于一般的城市地铁车站而言，通常非付费区的面积应略大于付费区。

车站内区域包括运营管理用房、设备用房、辅助房。运营管理室包括站长室、逆控制室、票务室、会议室、公安保卫室等。设备大室有环控机房、配电室、信号机房等。辅助客房包括浴室、茶馆、更衣室等。车站内应根据运营管理的需要设置，所需客房应安排在不同的车站，尽量减少车站内投资。

(2) 出入口和通道

出入口和通道是乘客出入车站的入口和通道。

(3) 风亭、冷却塔

风亭起到给地铁送新鲜空气的作用。冷却塔的作用是，将输送废热的冷却剂在塔内与空气进行热交换，将废热输送到空气中，并分散到大气中。

(4) 其他附属建筑

厕所：乘客使用的公共厕所和残疾人专用厕所。

临时售票亭：大客流期间，为了提高售票的速度，让乘客尽快进站，需要设置临时售票亭。临时票主要出售预制单程票。

银行：安装在站厅，可以为乘客提供兑零、进账、存款、转账等业务。

二、城市地铁车站总体布局设计

1. 分析影响因素，确定边界条件

影响车站位置及整体布局的因素包括周边环境、建筑物拆除和管道搬迁条件、施工方法、客流来源方向、综合开发条件等，要通过综合规划和科学定位确定其合理边界。

2. 车站的横断面设计

横断面设计主要考虑车站的结构形式、结构尺寸、设备和建筑所需的空间高度、车辆通行对接的边界要求。一般来说，站厅的净高度不低于4m，安装和维修后的高度也不低于3m。平台到顶部的净高度为4.1～4.3m，装饰后的高度也必须小于3m。从场地面到下部地板面的高度约为1.62m（图1-2）。平台可以按高度分为低站和高站。站台和车厢地板高度

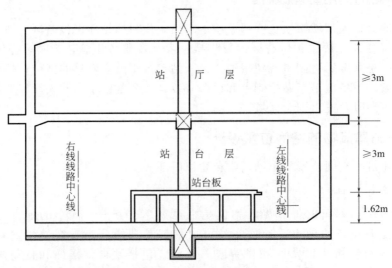

图1-2 车站横断面图

相同的称为高站,通常适用于流量大、停站时间短的工作站。高站对残疾人和老年人也有好处。低于车厢底的站台适合流量低的车站。

3. 根据职能要求设想总体方案

进行车站的整体设计时,要重点考虑其功能要求。

换乘是主要功能的站:主要考虑乘客的换乘条件,以最大限度地减少换乘距离为主要因素,留有充分的换乘能力。

连接大型客流分配点的车站:考虑突然客流特性,确保充分的乘客分配空间,创造快速出入站条件。

需要列车返回运行的车站:要考虑结构的统一性,区分各种客流,出入站客流有单独的通道,尽量减少与其他客流的交叉干扰。

具有其他特殊功能要求的车站:今后需要进一步扩展的起点、与其他交通系统的复合运输站等,需要留下后续扩展的余地。

4. 地铁车站平面布局设计

(1) 确定地铁车站平面布局决策原则

车站大厅层布置:要明确分区,根据车站结构和设施配置合理组织客流,避免和减少出入境客流的交叉,合理安排管理用房、设备用房,满足各系统的工艺要求。

平台层布局:应根据乘降和换乘要求计算站台宽度,并根据上行和换乘要求确定站台形式。根据车站的需要放置设备或管理住宅区。

车站出入口布置:应在道路两旁的红线外或城市广场周围设置,要有象征性或可识别性,以便吸引客流。

另外,车站内的主要服务设施还应包括电梯、售票机、空调通风设施等。

(2) 确定地铁车站站厅与站台布置原则

在进行车站站厅与站台的平面建筑设计与布局时,必须考虑宽度和长度、所需的楼梯数、位置、设备房间上方和下方的孔等。具体而言,要做到:

① 设计时,首先从平台层开始,根据列车组确定平台的有效长度。
② 然后,根据平台两端的设备室确定车站的备用长度。
③ 将计算出的工作站宽度与上下行车道宽度相加,以确定工作站的总宽度。

(3) 根据客流的流线设计布局

所谓乘客的流线(即客流线)是指车站内乘客的流动过程和轨迹。这条流线具体反映了乘客对车站区内各设施和布局的基本要求。能否合理地组织不仅影响车站的运营安全、效率和能力,而且直接关系到服务乘客的质量水平。

设计快捷、简便、灵活的客流线是城市地铁车站建设的目标之一。对车站内各种设施的安装,要以合理组织各种客流线,减少乘客的运行距离,方便旅客办理各种手续,经济实惠,节约用地为原则。

1) 客流线的分类

在城市轨道火车站,客流线主要有进站客流线、出站客流线、中转客流线三种。

进站客流线:进站客流线根据流动的过程大致分为两种类型。

① 通过站房直达的客流线。这种客流线大部分是拿着城市一卡通或储值票直接通过闸机结算费用的乘客。这样的乘客大部分是当地的上班族,上下班时间会出现上下班高峰。这种进站客流线如图1-3所示。

图 1-3　进站客流线之一

② 进入车站买票乘车的客流线。这种乘客主要是不经常乘坐地铁的当地人、与其他交通工具换乘的乘客或外地旅客,集中在公共假日或周末。这种进站客流线如图1-4所示。

图 1-4　进站客流线之二

除了上述两种客流线外,停车客运流线还有一条需要处理其他票务业务的流量较小的客流线和各类型之间的小流线。

出站客流线：出站乘客流线比进站乘客流线简单,乘客要办的手续少,使用站房时间短。出站乘客的流线如图 1-5 所示,其中一些人出站后很少需要处理其他票务。

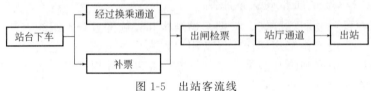

图 1-5　出站客流线

中转客流线：在部分综合枢纽站或城市地铁线之间的换乘站存在大量的中转换乘乘客。中转乘客形成的流线如图 1-6 所示。

图 1-6　中转客流线

2）流线的组织原理

通过以上分析可以看出,站内各种客流线都有其独特的要求,这些要求都需要通过合理设置和布置乘客站的各种设备设施来满足。为了最大限度地满足需求,一般需要根据以下两个原则,考虑安装和布置各种类型的舱外设备设施。

避免各种流线相互交叉干扰。特别是在车站线的设计组织中,要努力分离多种乘客线。特别是要将停车乘客流线和出站乘客流线分开,将出入境乘客流线和中间乘客流线分开。

尽量缩短乘客的运行距离,避免流线迂回。一般来说,对于入站和出站客流线中流量最大的普通客流线,应首先确定最简单、最平稳、最短的流程距离。即使是流量不多的其他客流线,也要根据其特点,尽量缩短流线距离,避免迂回。

通常,要满足上述各种流线特点和流线组织原则,都要依赖于乘客站房内各种服务房间及设施的合理设置与布局。如合理布置站房出入口、楼/扶梯、售/检票设备的布置等。

地铁站的平面构成基本上分为两个部分：一部分是与客流直接相关的公共区域,例如车站层、电梯层、出入口通道；另一部分是与车站运营相关的技术设备室和管理室,一般位于车站和平台的两端。

（4）站厅层布置

站厅部署方式主要取决于车站内销售/开票方式（手动、半自动和自动销售/开票）,可以通过两种方式放置常规地铁车站：一种是在每个平台的两端各安装一个工作站；另一种是在站台上层集中布置车站站厅，也可以考虑将部分地铁的车站厅与地下商业建筑联系起来布置。深圳、广州等大城市的部分大型枢纽站大部分采用联合设计方案。

▶教学微视频◀
城市轨道交通车
站站厅层布局

地下车站的中间站为了不占据地下空间，一般设置在地下一层，有以下两种放置方法。

放置在两端：中间站厅位于平台的两端共 2 个，如图 1-7 所示。

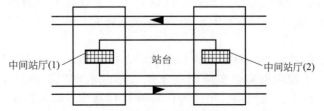

图 1-7　中间站厅在站台两端的布置方式示意图

集中布置：中间站集中放置在站台上层，如图 1-8 所示。

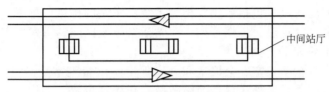

图 1-8　集中布置中间站厅的示意图

大部分车站站厅层主要是集散客流、为乘客提供售/检票等服务、进行车站工作、集中安装各系统设备的场所，主要分为公共区域和车站区域。

1）公共区域

公共区域是乘客集散的地区，可以分为付费区和非付费区。站内乘客在非付费区购买完票后，将通过检票设备进入付费区。出站乘客通过检票设备后进入非付费区后出站。

客流通道主要位于车站大厅层的公共区域，在左右两侧分布，有助于在地面道路两侧均匀分布入口。根据《地铁设计规范》，最小通道端口宽度不能小于 2.4m。非付费区内除了设置必要的售票/检票系统设备外，还可以根据站厅面积的大小设置一些商铺、自助银行、公共洗手间、自动售货机、公用电话等便民设备设施，布置时以不影响乘客出入为首要原则。

自动售票/检票系统设备主要有自动售票机、自动充值机、验票机以及进出站闸机等，可为乘客提供购票、检票检查等服务。随着城市经济的持续发展，大部分城市地铁都使用自动售票机，还有一些城市的轨道站采用手动售票制，有些站有手动售票制和自动售票制相结合的设备。

人工售票处应设在进站流线前端，而售票厅的设置不能占用客流通道，必须确保客流流线畅通的情况下尽可能把售票厅设在客流流线一侧。根据我国的交通习惯，车站出入口的流线应为右进左出，所以售票厅也宜设在入口的右侧。自动售票机也应同理设定。

另外，还应考虑设置票务设备，以工作站大小为标准。自动售货机大部分都需要用零钱买东西，所以自动售货机旁边也应该有找零钱的机器。机器识别的人民币面值不能太大，否则零钱会紧张，影响正常服务。考虑到城市地铁站出入口的特点，各出入口基本上是双向的，如果自动售票机安装在入口进站客流一侧，可便于乘客购票，但是客运量大的时候，进出站乘客可能会停滞。另外，如果售票机配置数量太多又分散，则会增加投资，造成一定程度的浪费。因此，自动售票机的放置位置及配置数量应便于出入口及乘客购买车票，还应考虑车站设备的使用率，每个车站设置的位置要根据车站的规模和结构集中在一两个地区，尽量避开直接上车不需要买票的乘客流线和出站乘客流线。区域大小也要在客流高峰期留出余地。

2）车站用房区域

城市地铁运营公司对城市地铁车站用房的定义不同。一般来说，车站用房区域包括设备用房、运营管理用房、辅助用房等。根据客流的大小，可以在不影响客流分散的情况下设置商业用房。设备和管理房间基本位于车站两端，一端大，一端小，中央用作车站大厅公用地。

设备用房：布置各种设备、日常维修和维护设备的场所，一般分为票务维修室、通信机械室、信号机械室、环控配电室、照明配电室、低压配电室、蓄电池室、环控机房、气瓶间、污水泵房、混合风室、风机房、电缆井、屏蔽门控制室、电梯机房、变电所控制室、动力变压器室、变电所储藏室、变电所检修室、变电所整流变压室、金属封闭高压开关设备室、整流器柜及直流开关柜室等。设备室中最大的是环控机房，其中包括冷冻机房、通风机房、环控电控室。地铁站的环控设计基本上由五个系统组成：车站公共区域的环控系统，主要是站厅、站台的制冷送风（包括新风）排烟系统；车站的排风（排烟）系统；站台层列车及车道产生的热量和废气排热、排烟系统；车站活塞风及区间隧道发生灾变时的送风排烟系统；各管理用房的小环控系统。

运营管理用房：包括站长室、会议室和公安保卫室（警卫室）、逆控制室、投票室、信号值班室、平台监视厅等，另外还包括消防疏散工作楼梯位置、工作人员洗手间位置等。

辅助用房：主要功能是为乘客处理各种乘车相关业务，或提供乘车相关咨询业务。如客服中心，设置在站厅层付费区与非付费区之间，为乘客提供售票、兑零、充值及乘客事务处理。又如临时票亭，其位置的摆放一般应根据突发客流的大小和方向进行设置，主要是向乘客提供人工售票服务，以弥补车站售票能力的不足，如为乘客办理储值票、学生票、老年票、儿童票等优惠业务。根据具体情况，有些城市轨道交通运输的票制设置比较灵活多样，有月票、季票、半年票或年票等，一般以交通卡的形式进行实名登记售票。为方便乘客办理，在某些较大的车站设有业务服务用房，这些服务用房也负担着为乘客提供其他交通咨询等业务。

辅助用房的数量要结合车站规模和业务量进行具体设置。如果业务量较大，可以考虑单独设置处理特别票务的服务室和处理咨询业务的服务室。票务服务室位置可以考虑避开大部分乘客流动，单独设置一个区域，在出入境乘客经过的一定区域设置咨询服务室。这样设置的人力成本和设备成本比较高。如果业务规模不大，在乘客方便的地区混合安装这两者有降低成本的效果。

其他使用室：洗手间、更衣室、休息室、备件库、垃圾室、清洁工具室等。车站厅层通常有公共厕所，有的还专门为残疾人设置了卫生间。有些车站将公用电话安装在站厅层和站台层，方便乘客使用；有些则将公用电话安装在通道的一侧。根据各城市轨道交通设施状况的不同，有些城市在大中型地铁车站站厅层内设置银行或自助银行，为乘客提供兑零、出金、存款、转账服务。

（5）站台层布局

电梯层主要是供列车停靠、乘客候车及乘降车的区域。

1）站台设计

根据工作站和轨道的位置关系，工作站可以分为岛式站台、侧式站台

▶教学微视频◀
城市轨道交通
站台层布局

和混合式站台。

岛式站台：上、下行线分布在平台两侧。可以充分利用平台面积，方便乘客换乘。例如北京、上海等大部分城市轨道的中央车站平台都是岛站。

侧式站台：在电梯两侧各设置一条电梯线，乘客和电梯互不干涉，不能轻易向错误的方向移动，站台水平扩展的余地也很大。

混合式站台：岛式和侧式的混合站台，通常多为始发/终到站，安装有道岔和信号联锁装置。

与侧式站台相比，岛式站台的站台面积可以得到充分利用，有效利用率高，管理集中，工作人员生产效率高，便于乘客换乘，车站结构紧凑，设备利用率高。但是用明挖法对车站施工时，车站两端的线路可能会产生喇叭口，致使运行状态不佳（进出站曲线）。区间隧道双线集中布置时，水平扩张的余地很小，双向乘客对流干扰大。因此侧式站台与岛式站台的优缺点是互补的。

2) 站台设备设施的设置

站台也分为公共区域和设备区域，通常两端是设备区域，中间是公共区域。设备区还设有设备室和一些管理室。

站台公共区的功能是乘车、下车、候车，主要有站台监视亭、乘客席、公用电话、紧急停车按钮等设备设施。

车站的有效长度通常确定为车辆的分组长度加上车辆停靠误差，对于远期列车编组在 6～8 台的轨道交通运输系统，平台长度通常为 130～180m。

站台还具有立柱、屏蔽门或安全护栏。

站台立柱是工作站建筑的一部分，根据工作站大小，设置数量会有所不同。设置柱子位置应避免占用乘客通道，避免挡住乘客或员工的视线，同时车站应充分利用柱子的表面积，放置宣传板、指示牌、广告等其他功能。根据平台宽度，可以设置双柱，也可以设置单柱。

安全护栏或屏蔽门都设置在站台上，以确保乘客的安全。在驾乘前后，为了有效地防止乘客从站台边缘坠落，需要安装护栏或屏蔽门。安全护栏和屏蔽门的设置应根据车站的具体情况而定。屏蔽门比护栏成本高，但安全性能也高，很适合长期安装在很多地铁站。同时，屏蔽门可以节省车站空调能源，减少列车噪音。安全护栏费用低，视线也广，但在轻轨或地铁地面部分车站安装有安全隐患。目前，国内各城市的地铁运输设备大部分是进口的，进口设备来源各不相同，因此屏蔽门和扶手设备存在一些差异。

屏蔽门的控制方式分为系统级、站台级和就地级三种。系统级控制和站台级控制都属于自动控制模式（AFC 模式），就地级控制属于就地控制模式（PSL 模式），即需要人工操作开、关屏蔽门。

无论是屏蔽门还是安全墙门，其位置设置都相当于列车停车时的客车门，列车停车时车门必须准确地对准车门位置，否则会给乘客乘降带来很大不便。

高架车站一般要设置屏蔽门。

5. 车站通道布置

(1) 车站出入口和风井布置

1) 车站出入口

车站出入口是地面客流和城市地铁站之间的连接口，也是城市地铁管理区的分支，出入口设计应考虑与周边环境连接，并应尽可能位于地面交通站、停车场附近，以创造更好的换乘组合；车站出口入口应尽量与周围建筑相结合，减少土地和拆迁，也可以设置在地面建筑（如商场、公寓的一楼、休息室等）上，还应与横穿城市的隧道、天桥、沉船广场相结合，为乘客提供便利，节约投资。如果需要独立设置，如设在人行道、街心花园、绿化带中，则应与周围景观（如建筑风格、色彩、位置）相协调。当然，最重要的是高峰时间的客流顺畅，乘客出入方便。出入口一般有一定数量和类别的引导标志，以引导乘客的移动。

车站出入口的位置一方面要考虑地下通道的畅通，但不能太长；另一方面，还应考虑到能均匀吸收地面客流。防灾设计要求也要考虑在内，出入口被称为"生命线"，为此，《地铁设计规范》规定如下："从车站出来的人口数要根据客流的需要和疏散要求来确定。浅埋车站不能低于4个出入口。分期建设时，初期不得少于2个。小型站的出入口可以酌情减少，但不得少于2个。"如果车站位于地面交通道路的主干道交叉口，则应将入口数设置为地面道路数。每个通道或出入口必须小于或等于2m。净空高度必须小于或等于2.5m。

出入口设置方式通常为"L"型、"T"型和"一"型，如图1-9(a)所示。

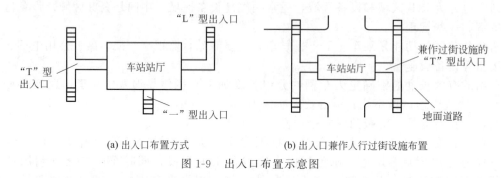

图1-9 出入口布置示意图

地下车站的出入口通道也可以用作人行横道设施，如图1-9(b)所示。

单独设置的车站出入口一般选择在城市道路两旁、十字路口和人流多的广场附近。其位置要符合当地城市规划部门的规划要求，一般设置在建筑红线内，不能妨碍行人通行。另外，要考虑城市流动人口进行设置，不应该放在城市流动的主要分散场所，应该放在更明显的位置，这样就不会发生堵塞，且容易被识别。车站内入口和地面通风井不得设在具有易燃、易爆、有污染源和挥发性有害物质的建筑物附近，与上述建筑物的火灾安全距离应遵守有关规定。

如果地铁站在地面街交叉口下面，地铁出入口应分别位于十字路口的四个拐角处。在两个以上道路交叉口下，为了防止乘客和行人横穿道路，每个角落都要安排入口，比如香港地铁站出口入口最多达10多个。如果车站位置在社区附近，那么车站出入口位置应该尽可能接近附近的社区，以便居民乘坐。如果车站设置在大型购物休闲区，车站出入口可以位于距购物休闲区出入口最近的地方，或者直接位于购物商场的一楼，从而大大提高乘客的便利性，减少地面露天运行距离。出入口必须具备无障碍通道，以便残疾人、老年虚弱、儿童等特殊人群使用。总之，车站出入口是车站的门户，是客流集疏的第一通道，除了功能设计需要技术先进外，还需要美观大方既充分考虑乘客的便利，也要融入城市或地区的人文特色风貌，使其具有鲜明的标志，这样对缓解乘客的紧张情绪将起到一定作用。

2) 车站风井

空调、风道的面积取决于该地区的气候条件、环控通风方式和站地客流，应由环控专家计算并确定。地面亭子可以与地面开放大厦集成。在城市小区，风井要独立设置，其体形设计要将城市建筑风格和绿化结合起来，实现融合与协调。

（2）通道设备设置

乘客从车站到入口到达层或从车站厅层到站台层必须通过一定通道。通道是车站出入口和车站厅层的连接。不管是地下站还是地面站，一般分为3层或2层，大型换乘枢纽的楼层更多，因此各层之间连接通道的设计也直接影响到达过程中乘客的流线组织。通道的设计要以乘客流动的路线为主，应遵循两个原则：尽量减少出入站乘客流线的交叉；最大限度地缩短乘客从出入口到站台的行走距离。

▶教学微视频◀
城市轨道交通
车站通道布置

入口和通道的宽度应在设计时根据未来的客流确定，每米净宽度的通过能力一般如下：单向通行，每小时 5000 人；双向通行，每小时通过 4000 人。

通道主要由楼梯、电梯和自动人行道等组成。

地下或高架车站一般由地下 2、3 层或地面 2、3 层组成，因此各层之间有楼梯、自动扶梯或垂直电梯，有助于不同需要的乘客进出和乘车。

1）楼梯

部分车站从出入口到车站一楼的通道是步行楼梯，造成进站客流和出站客流混合，没有严格划分区域，一旦客流大，容易发生出入站客流对流情况，对客流组织不利。有些车站既有步行楼梯，又有自动扶梯，自动扶梯为了避免对流或拥挤，有效地分隔出入境客流。在人多的车站，一般在步行楼梯中央设置栏杆，以有效地分离出入境客流。例如，在北京西直门地铁站，人流疏解护栏一直延伸到地面街道数十米。

在车站，一层和二层之间的通道必须按照出入境客流线设计和严格划分。因此，当客流过多或发生紧急情况时，出入境客流会导致对流事故，因此对闸机的状态设置及导向标志都应配合通道设计。廊道坡度的设计也很重要，坡度大会引起乘客的疲劳和不安，坡度太小会增加车站安装面积和施工数量。因此，坡度必须科学设计，如果通道台阶数很多，则需要在不同的分段上设置缓和平台，同时将工程和占地面积最小化。

楼梯一般采取 26°～34°倾角，其宽度为单向通道不小于 1.8m，双向通道小于 2.4m。如果宽度大于 3.6m，则必须设置中间扶手，并且每个梯段不得超过 18 步。

车站发生紧急情况时，楼梯主要用于车站向外疏散乘客，楼梯平时要保持平稳，任何物品都不能堆在楼梯上，任何人也不能停留在楼梯上。

比如高差较小、施工条件良好，可用坡道替代楼梯来连接地下站台与中间站台、中间站厅与地面出入口。坡道长度应以乘客行走时间能够承受为限，如考虑是设在地下的坡道，应取较小的值（一般不应超过 200m）。为防止滑倒，坡道地面必须有防滑措施。坡道照明十分重要，两侧墙体可用广告灯箱或装饰面布置，营造出安全可靠和温馨的环境，以减少乘客穿越地下坡道时产生的疲劳感和烦躁情绪。

2）电梯

车站内的电梯是垂直电梯、在倾斜方向运行的扶梯、斜坡或水平方向运行的自动移动人行道的总称。地铁电梯系统的设计应遵循以下标准：

自动扶梯。每个车站应至少安装一台自动扶梯。通道上升 7.2m 以上时，需要安装自动扶梯。如果高度超过 10m，必须安装自动扶梯。车站客运量不大，通道高度不到 5m，可以用楼梯代替下行自动扶梯。自动扶梯通常倾斜 30°，两个自动扶梯工作点间隔应小于 16m。影响步行的自动扶梯工作点必须小于 8m。如果自动扶梯相对于楼梯放置，则从自动扶梯工作点到楼梯第一个踏步的间距必须小于 12m。

如果出入口不受高度上升的限制，就应该设置上行自动扶梯。车站大厅层和平台层之间通常需要安装下行自动扶梯。

一般在自动扶梯的右下侧设有"紧急停止按钮"（高差较大的自动扶梯，在其中部也设有"紧急停止按钮"），如果自动扶梯在运行过程中出现乘客失足或其他紧急情况，应立即按"紧急停止按钮"，停止启动自动扶梯，采取相应的救护措施。如果发生火灾，应停止启动站内自动扶梯，将乘客疏散到固定楼梯上。

参照《城市快速轨道交通工程项目建设标准》，自动扶梯和步行梯的设置标准见表1-1。

表 1-1　自动扶梯和步行梯设置标准

提升高度 H/m	上行	下行	备用
$H\leqslant 6$	步行梯 △	步行梯	
$6<H\leqslant 12$	自动扶梯	步行梯 △	
$12<H\leqslant 19$	自动扶梯	自动扶梯	步行梯
$H>19$	自动扶梯	自动扶梯	自动扶梯

注：1. H 指站台至站厅或站厅至地面的高度。无站厅时，指站台至地面的高度。
　　2."△"表示在重要车站或主要楼梯口也可设置自动扶梯。

垂直电梯。车站垂直电梯安装在出入口、车站区和平台层，一般供残疾人、搬运大型行李的乘客或其他特殊情况的人使用。

垂直电梯平台应与道路相距1.5～4.5m。为了方便轮椅使用者，需要设定坡度。玻璃外墙可提高车站内部的透明度，各层电梯门宜安排在相反方向。

3）楼梯升降机和自动人行道

楼梯升降机是安装在从车站内到车站厅、从地面到车站厅的步行楼梯一侧，供坐轮椅的乘客上下楼梯使用的设备。楼梯升降机弥补了车站现有垂直电梯直达不到地面的不足。楼梯升降机能沿楼梯连续作上升、水平和90°转角运行，运行倾角不大于35°。车站出入口的楼梯升降机是室外类型，能在全天候条件下工作。车站内楼梯升降机是室内型，根据室内条件设计。楼梯升降机能适应城市轨道交通每年工作365天、每天工作20小时的工作要求。

自动人行道是水平或锥形角度不大于12°的环形道路（板或胶带）。

运输乘客的固定电力驱动装置具有连续运行、运输量大、水平运输距离长的特点。在城市地铁交通线路较多的换乘站上，经常设置自动人行道，快速疏散乘客。

地铁站一般是浅埋车站，一般地面站要分层设置站厅和站台，以达到节约土地的目的，需要布置很多楼梯和扶梯。每米净宽楼梯/自动扶梯的通过能力见表1-2。

表 1-2　每米净宽楼梯/自动扶梯的通过能力

楼梯或扶梯	通行方式	每小时通过人数/人
楼梯（每米净宽）	单向向上通行	4200
	单向向下通行	3700
	双向混行	3200
自动扶梯	—	8100
自动人行道	—	9600

4）换乘通道安装方法

直接垂直传输方法：优点是换乘距离短，方便，平台宽度可以设置垂直移动路，见图1-10。但是车站形式混乱，不易管理、检票，可以容纳上下换乘客流的空间也很少，大体上适合换乘量小的车站。

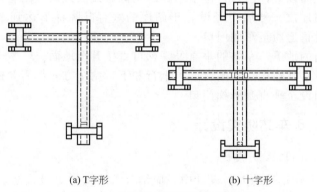

(a) T字形　　　　　　　　(b) 十字形

图 1-10　使用直接垂直传输模式图

使用中间联合站换乘方法：通过两站共享的中间联合站组织的换乘，见图 1-11。可以确保平台层的客流压力下降，同时适当完成客流分散、销售/开票等换乘过程。但是联合中央车站厅和两个车站平台不在一个平面上，乘客进出中央车站的垂直距离很大，需要加强电梯设备支持。此外，又因联合中央站厅需要承担两个车站的客流疏集、售/检票、服务等作业，因此需要的空间很多，地下工程规模会扩大，费用会增加。

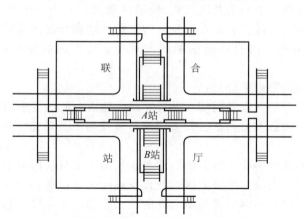

图 1-11　利用中间联合站厅组织换乘示意图

平面换乘：是通过坡道曲线处理相互交叉且不在同一平面上的两条地铁交通线，形成相互平行的同一平面的换乘方式，见图 1-12。平面换乘对于某两个方向（图中 A↔D，B↔C）的换乘乘客来说，实现了同一站台换乘，非常方便。对于另两个方向（图中的 A↔C，B↔D）的换乘乘客来说，仍需进入中间站厅完成换乘。

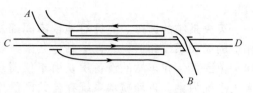

图 1-12　平面换乘示意图

因此形成的直线曲线和坡道会大大提高工程成本和施工困难（因为在地下），列车运行的不良因素（有反向曲线、上下坡道）也会增加。因此，除非某两个方向的换乘比例相当高（图中 A↔C，B↔D 换乘占绝对多数），且其他条件允许的话，必须权衡得失，再慎重选择。

(3) 逆向无障碍通道设计

无障碍通道设计要突出"以人为本"，针对地铁车站设置位置的不同，可采取以下三种不同的设计方法：

车站位于道路地面以下，出入口位于道路的两侧，残疾人乘坐的轮椅从挂在楼梯旁设置的轮椅升降台下到站厅层，然后再经设置于站厅的垂直升降梯下达到站台；为盲人设置盲道，从电梯门口铺设盲道通至车厢门口。

车站建于街坊内的地下，车站的垂直升降梯可直接升至地面。

要求盲道的铺设必须连贯，在站台层，上行和下行两个方向都需要铺设，但一般只需自站台中心处的车厢门设至垂直升降梯门口。

▶教学微视频◀
城市轨道交通防灾设施布置

6. 车站防灾设计

（1）人防设计

在车站的人防设计中，应结合六级抗力等级设防，"平、战结合"；将一个车站加一个区间隧道作为一个防护单元，相邻防护单元设置一道防护隔断门；在出入口密闭通道两端设置活式门槛防护密闭门、密闭门各一道；每个车站还要设置不少于两个人防连通道，连通口净宽不小于1.5m。

在附近没有人防工程的情况下，人防连通口完成后，通道要预留出接口；风口在进排风口及活塞风口采用一道防护密闭门的设置；内部装修应考虑防震抗震要求。

（2）消防设计

车站内划分防火分区，中间公共区（售/检票区或站台）为一个防火分区，站台两侧的设备用房区各为一个防火分区。有物业开发区的车站，物业开发区为独立的防火分区。每个防火分区内设两个独立的、可直达地面的疏散通道。所有的装修材料均按一级防火要求选用。

车站内火灾监控与报警设备包括：

火灾传感器。用于对站内设备用房、站厅、站台旅客公共区等进行火灾自动探测。

手动报警器。在站内旅客公共区、设备用房区域及列车上安置手动报警器，以便及时通报火灾情况。

感温电缆。用于对站台层变电所下的电缆夹层实施火灾自动探测报警。

紧急电话插孔。在站内旅客的公共区以及设备用房区域设置的消火栓箱上，配置紧急电话插孔，对于区间隧道以及站内轨道外侧所设的消火栓箱，也应设紧急电话插孔。

干粉灭火系统。干粉灭火系统具有灭火历时短、效率高、绝缘好、灭火后损失小、不怕冻、不用水、可长期储存等特点。灭火器轻便灵活，使用广泛，对扑灭初期火灾具有显著效果。

灭火系统的选择。应针对地铁不同部位的环境条件、器材安装、设备特点等要求，选择相应的灭火系统和器材。在车站公共区，要以灭火栓系统为主，将整个车站覆盖在消火栓的保护范围下。在车站的设备房，由于仪器众多，设备复杂，在此类相对封闭的区域要以气体灭火系统为主。自动喷水系统在公共区的作用不是很显著，甚至会造成地滑影响人群疏散的速度，因此在车站的公共区可不设自动喷水灭火系统。在区间隧道中要沿线布设消火栓灭火系统，条件允许时可在区间隧道中加装移动式灭火系统。移动式灭火系统宜采用泡沫灭火器。

（3）防洪涝设计

地面站应考虑防洪要求，车站防洪涝设计应按有关防洪涝设计要求执行。

7. 设置照明和低压配电系统

照明和低压配电系统称为低压电源照明分配系统。系统有两个子系统：照明系统和低压配电系统。

(1) 照明系统

地铁站的地下区域特性和地铁运营特性决定了地铁内照明的种类多种多样，进而决定了照明配电回路的数量不亚于动力用电回路的数量。

照明系统按特性划分，包括应急照明、节能照明、徽标照明、入口照明、一般照明、广告照明、事故照明等。

一般照明是地铁站隧道、车站大厅、平台上安装灯具最多的一种照明。这种照明用来保证乘客在地铁车站里能安全地候车和上下车。

应急照明是正常照明以外的替代照明。这种照明装置是一种新颖的照明装置，包含小型密封电池、充放电转换装置、逆变器和光源等部件。

地铁站内还有变电站、换控室、通风室、消防机关室、通信机房等运营设备室。在这样的室内，除了正常照明外，还要设置事故照明，以便在正常断电的情况下，工作人员继续监视设备的运行，并进行必要的技术处理。地铁站是大型公共场所，上下通道和进出口较多，诱导灯必须指示方向，尤其在紧急情况下，其重要性更加突出。

照明系统包括入口照明、公共区域照明、区间隧道照明和电缆廊道照明等。

1) 照明系统设计原理

不要让出入地铁的人感觉到过度的亮度差异。

保护住在地铁里的人的安全和感觉。

灯光和灯的安装位置都不会与信号图像混淆。

2) 照明系统设计要求

光源方法：根据视觉工作级别、照度、亮度、光源和放置方法进行选择。

光源：根据光源机制等选择照度标准。

灯具布置要保证照明度合适，光线充足，无眩光，无遮阳；灯泡安装量小，布局整洁美观，与建筑空间协调，维护方便安全。

(2) 低压配电系统

低压配电系统是直接为城市轨道交通的低压电气设备供电，监控通风空调、给排水设备和照明设备运行状况的电气设备。地铁的独立性决定了低压配电系统的复杂性。站内低压电气设备种类多，责任范围广，系统设计中要考虑的因素比较复杂，如电线电缆的选择、配电结构的考虑等。

8. 紧急疏散设计

在车站紧急疏散设施布置中，车站内所有步行楼梯、自动扶梯及出入口宽度应分别根据远期高峰小时设计客流量的标准进行设计。在紧急情况下，能在6分钟内将一列车满载的乘客和在站台候车的乘客及工作人员疏散到安全地区，此时车站内所有自动扶梯、楼梯均作上行，其通过能力按正常情况下的90%计算，垂直电梯不计入疏散能力范围内。车站设备用房区内的步行楼梯在紧急情况下也应作为乘客紧急疏散通道，包括在紧急撤离能力中。车站通道、出入口及其附近地区为确保疏散的顺利进行，不得安装和堆放妨碍客流疏散的任何设备和物品。

9. 给排水系统设计

城市轨道交通给排水系统为地铁运输运营提供所需的生产、生活、消防用水。为了确保城市轨道交通线路的稳定运行，需要排除生产、家庭污水，结构漏水，事故消防水，雨水等。

(1) 供水系统

城市地铁交通站的供水系统使用城市自来水作为供水源，车站两端的风井站各用两个供水管道将城市自来水引入车站，两个供水引入管互为储备。供水系统主要分为生产、生活用水和消防用水。生活用水在车站主要有厕所、茶浴室、盥洗室等的用水；生产用水主要有空调冷却系统的循环冷却水及补充水，站厅层、站台层和出入口通道等处的地面清洗冲洗水；消防用水主要有消火栓用水系统。生产、生活用水系统主要由水源（城市自来水）、水池、水泵、水塔（水箱）、气压罐、管道、阀门、水龙头等组成。消防给水系统主要由水源（城市自来水）、消防地栓、水泵结合器、消防水泵、管道、阀门、消火栓（喷头）、水流指示器等组成。

(2) 排水系统

车站、区间的废水、污水及雨水均应就近排入市政排水系统中，污水要按规定排放。地下车站和地下区间应设置废水泵房、污水泵房、雨水泵房。废水系统包括防火废水、地面清洁废水、事故排水、结构漏水等，这些废水均通过线路排水沟汇流集中到线路区段坡度最低点处的废水泵站集水池内。污水系统主要指车站内卫生间生活污水。在折返线车辆检修坑端部、出入口和局部自流排水有困难的场合需设置局部排水泵房，在地铁洞口及敞开出入口处应设雨水泵房。

10. 其他设备设计

(1) 冷却塔

大部分车站都要安装冷却塔。冷却塔主要是给中央空调供暖的设备，原则上是按照车站"一端布置，每站一组"安装的。

(2) 商业设备

车站内的商业设备包括部分商家、自助银行、公共厕所、自动售货机、公用电话等设备设施。

(3) 对讲器

对讲器安装在售票信息中心和车站控制室玻璃窗前，需要乘客帮助的时候，可以与地铁站职员及时对话。

【本章实践】

分小组完成以下任务：

1. 设计一个地铁或轻轨站的车站大厅、平台布置图，中间站或终点站均可，客流大小自定。车站大厅设备包括必需的（自动售货机、自动充值机、验票机、进出站闸机、票亭）、可选的（商铺、自助银行、洗手间、自动售货机、公用电话）。站台布置内容包括站台和轨道线路的位置关系（侧、岛、混合式站台）、管理用房等。

2. 完成上述任务后，进行小组自评和相互评价，最终教师讲评，取长补短，开拓完善知识内容。

第二章　城市地铁车站设备

轨道交通作为快速的大容量交通体系，在现代化的城市公共交通中起着相当重要的作用。轨道交通的客流服务功能首先是通过车站实现的。轨道车站是城轨系统服务功能的主要执行设施，是城市轨道交通线网中的重要节点。就运输企业内部而言，车站不仅是线路上供列车到、发及折返的分界点，而且也是客运部门办理客运业务和进行运输生产的基地；就运输企业外部而言，车站是乘客旅行的起始、终到以及换乘的地点，是运输企业与服务对象的主要联系环节，是乘客集散的唯一途径。所以，在轨道交通运输过程中，车站起着极其重要的作用，在路网中占有极其重要的地位。

为了保证轨道交通安全高效地运行，车站内部需要安置数量较多的设施设备。服务于乘客的设备设施主要有导向系统、广播系统、售/检票系统、照明系统、火灾防护系统、车站站台屏蔽门系统、车站通风与噪声控制系统、车站空调系统等。城轨客运组织的根本任务就是通过合理布置城轨车站内的相关设施、设备以及对客流采取有效的分流、引导措施来完成其大运量的客运任务。

第一节　城市轨道交通环境控制系统

【学习目标】

1.熟悉城市轨道交通环控系统的分类及功能。
2.熟悉城市轨道交通环控系统设备组成。
3.熟悉城市轨道交通环控设备运行过程。

车站环境控制系统（以下简称环控系统）是指对车站站厅、站台、隧道、设备及管理用房等处所的环境进行空气处理的系统。其主要作用是对车站的环境空气进行处理，在正常运行期间为乘客提供一个舒适良好的乘车环境，并为工作人员提供必要的安全、卫生、舒适的环境条件，同时对车站各种设备和管理用房按工艺和功能要求提供适宜的环境条件，为列车及设备的运行提供良好的工作条件。在非正常情况下，例如发生火灾、毒气事故时，环控系统能提供新鲜空气，及时排除有害气体，为人员撤离事故现场创造条件，该系统对保障乘客出行的舒适安全有非常重要的作用。

一、城市轨道交通环控系统的分类及功能

城市轨道交通地下环境封闭、温度高、发热源多（如人体散热、列车散热、外界空气带

入热等），故空气质量与地面其他场所相差较大。为了给乘客提供一个良好的乘车环境，保证设备能持续、正常运行，环控系统必须满足以下基本要求：

① 当列车正常运行时，环控系统应保证城市轨道交通内部空气环境的温度、湿度、气流强度和空气质量满足人员生理需求和设备正常运转需要；

② 列车阻塞在区间隧道内时，环控系统能确保隧道内空气流通；

③ 列车在区间隧道发生火灾事故时，具备防灾、排烟、通风功能；

④ 车站公共区域和设备及管理用房内发生火灾事故时，具备防灾、排烟、通风功能。

地下车站环控系统又分为屏蔽门系统和非屏蔽门系统。非屏蔽门系统依地铁系统与地面通风风道的连接方式，又可分为闭式系统和开式系统。

屏蔽门系统是在站台与区间隧道之间设置完全隔断、可以移动的屏蔽门，列车停站时屏蔽门与列车门一一对应打开，列车出站时屏蔽门关闭。这一物理屏障将巨大的列车产生的热拒之于车站之外，站内采用空调制冷系统，保证站内温度符合标准，而区间隧道则利用列车运行产生的活塞风，通过风井与室外进行通风换气，满足区间通风换气要求。采用这种环控制式的有上海城市轨道交通1号线、上海城市轨道交通4号线、深圳地铁1号线等。

非屏蔽门系统是指在物理结构上车站与区间隧道相连通的系统。非屏蔽门系统主要指闭式系统。所谓闭式系统即夏季空调季节时，整个地下区间及车站除两端隧道洞口、车站出入口和空调小新风外，地下车站及区间基本与外界相隔绝的一种空调通风方式。闭式系统可根据外界气温的变化，转为开式运行。

二、城市轨道交通环控系统的设备

城市轨道交通环控系统主要由以下几部分组成：区间隧道活塞通风、机械通风系统（兼排烟）及车站区间排热系统（屏蔽门方式），简称为隧道通风系统；车站的站厅、站台公共区空调通风系统，简称为车站空调通风大系统；车站管理用房和设备用房空调通风系统（兼排烟）以及主变电站、牵引变电站通风与空调系统，简称为车站空调通风小系统。需要说明的是，地面车站、高架地面车站，由于散热散湿条件好，因此无空调通风大系统，只具有空调通风小系统。

1. 屏蔽门式环控系统的组成

典型屏蔽门式环控系统由车站空调通风系统和隧道通风系统两部分组成，见表2-1。典型屏闭门车站空调通风系统的示意图如图2-1所示。

表2-1 典型屏蔽门式环控系统

车站空调通风系统	车站公共区制冷空调通风系统
	车站设备及管理用房空调通风系统（兼排烟）
	制冷空调循环水系统
区间隧道通风系统	区间隧道活塞风系统
	区间隧道机械通风系统（隧道风机和射流风机系统）
	车站区间排热（UPE/OTE系统）

2. 闭式（开式）环控系统的组成

典型闭式环控系统由车站空调通风系统和隧道通风系统两部分组成，如表2-2所示。典型开式（闭式）车站空调通风系统示意图如图2-2所示。

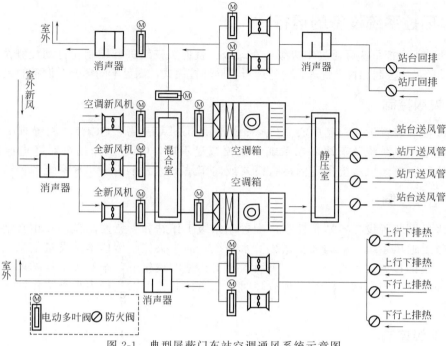

图 2-1 典型屏蔽门车站空调通风系统示意图

表 2-2 典型闭式环控系统

车站空调通风系统	车站设备及管理用房空调通风系统(兼排烟)
	车站公共区制冷空调通风系统(兼排烟)
	制冷空调循环水系统
隧道通风系统	区间隧道活塞风系统(含迂回风道)
	区间隧道机械通风系统

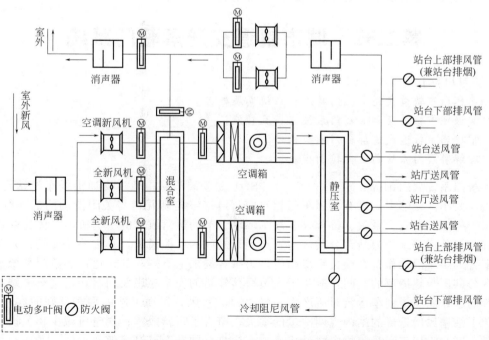

图 2-2 典型开式(闭式)车站空调通风系统示意图

三、环控系统设备的运行

正常条件下环控系统可通过中央级、车站级、就地级三级进行控制和自动控制系统进行监控,实现设备集中控制和科学管理,通过运行不同环控模式,满足不同场合对设备的运行要求。

1. 中央级控制

中央级控制装置设在控制中心(Operation Control Center,OCC),配置有中央级工作站、全线隧道通风系统及车站环控系统中央模拟显示屏。OCC 工作站可对隧道通风系统进行控制,执行隧道通风系统预定的运行模式或向车站下达大小系统和水系统各种运行指令。

2. 车站级控制

车站级控制装置设在各站车控室,配置车站级工作站和紧急控制盘,在正常情况下可监视本站的隧道通风系统、空调大小系统及水系统,向中央控制传达本站设备信息,并执行中央级控制下达的各项运行指令。在中央级控制工作站的授权下,车站级工作站可作为本车站的消防指挥中心,当车站工作站出现故障时,紧急控制盘可以执行中央级工作站下达的所有防灾模式指令。

3. 就地级控制

就地级控制设置在各车站的环控电控室,具有对单台环控设备就地控制的功能,便于各种设备调试、检查、维修。单台环控设备同时设有就地控制箱。在中央级、车站级、就地级三级控制中,就地级控制具有优先权。

环控系统设置了不同的运行模式,包括各站环控大系统运行模式、环控小系统运行模式、各站隧道通风系统运行模式等。以隧道通风系统为例,该系统设置了九种运行模式,包括正常运行、早间通风、晚间通风、左线站台火灾、右线站台火灾、左线车站隧道火灾、右线车站隧道火灾、右线区间堵塞、左线区间堵塞。

第二节 城市轨道交通屏蔽门系统

【学习目标】
1. 熟悉城市轨道交通屏蔽门特点、系统发展概况。
2. 掌握城市轨道交通屏蔽门系统组成及功能。
3. 掌握城市轨道交通屏蔽门系统构造。
4. 理解屏蔽门系统的运行控制模式。

屏蔽门系统(Platform Screen Door,PSD)是安装于城市轨道交通沿线车站站台边缘,将轨道与候车区域隔离,设有与列车门相对应,可多级控制开启与关闭滑动门的连续屏障,是可用于提高运营安全系数、改善乘客候车环境、节约运营成本的一套机电一体化的机电设备系统。屏蔽门系统作为站台公共区与轨道列车之间的可控通道,其主要功能是:列车进站时,配合列车车门动作打开或关闭滑动门,为乘客提供上下列车的通道;屏蔽门系统也隔断了站台公共区与轨道侧的空间,避免了人员跌落轨道的安全隐患及列车司机驾车进站的心理恐慌等问题;隔离了列车运营时所产生的噪声、活塞风,保证了站内乘客良好的候车环境,并避免了活塞风所造成的站内空调冷量的损失,节省了运营成本;同时可减少相关设备容量及数量,减少土建工程量等投资建设成本,产生良好的社会、经济效益。

一、屏蔽门系统概况

屏蔽门设备是 20 世纪 80 年代末在世界部分国家和地区出现的一种先进的环控模式。屏蔽门在整个站台长度上将车站的站台区域与轨道区间分隔开来，它是环控系统气流组织的一个不可缺少的物理屏蔽，也是事故工况气流导向的重要组成部分。

1983 年，法国使用无人驾驶系统 VAL 里尔地铁的生产商马特拉公司（Matra），在瑞士玻璃门生产商 Kaba Gilgen AG 那里为列车站台特别定制了自动滑门，使该系统成为世界上最早安装玻璃屏蔽门的城市轨道交通系统。1987 年，新加坡的 MRT 一期和二期首次采用屏蔽门系统，也是世界上最早的屏蔽门运行线路。随后，1999 年中国香港机场快线、1999 年马来西亚吉隆坡 LRT2、1999 年英国伦敦 Jubilee 延长线、上海轨道交通 4 号线、8 号线及北京地铁 5 号线、10 号线等都相继安装了屏蔽门，上海轨道交通 1 号线的地下车站部分，也已完成了屏蔽门的加装改造过程。

随着设备技术的日益成熟，屏蔽门系统在节能等各方面的优越性日渐明显。近年，我国大部分城市地铁、轻轨及铁路系统中正在运行或规划的新线、改造旧线的过程中使用了屏蔽门系统。有关屏蔽门的供货商也在逐渐发展起来，英国 Westinghouse、法国 Faiveley、日本 Nabco、瑞士 KABA 四家公司都已经承担过一些地铁线路的屏蔽门工程，也是当今世界上安装、设计、制造屏蔽门最有经验的几个公司。

从目前各国设置的屏蔽门系统来看，主要有两种类型。第一类屏蔽门是一道自上而下的玻璃隔墙和活动门，沿着车站站台边缘和两端头设置，把站台乘客候车区与列车进站停靠区域分隔开，属于全封闭型（图 2-3）。这种形式的屏蔽门一般是地下车站所采用的。这种屏蔽门系统的主要功能是增加车站站台的安全性，降低节约能耗以及加强环境保护。

第二类屏蔽门系统是一道上不封顶的玻璃隔墙和活动门，属于半封闭型（图 2-4），其安装位置与第一种方式基本相同，造价比第一种要低，一般用于地铁和高架车站。日本东京地铁南北线和东京多摩线就安装有这种类型的屏蔽门。广州 4 号线、上海 5 号线、9 号线也有类似设备使用。这种类型的屏蔽门系统比第一种类型屏蔽门相对简单，高度比第一种屏蔽门低矮，空气可以通过屏蔽门上部流通。它相对第一种屏蔽门来说，主要起了一种隔离作用，提高了站台候车乘客的安全，从此意义上说可以称其为"安全门"。

图 2-3　全封闭型屏蔽门

图 2-4　半封闭型屏蔽门

二、屏蔽门统的特点及功能

屏蔽门系统作为站台公共区域与轨道列车之间的可控通道，能够在列车进站时配合列车车门动作打开或关闭活动门,为乘客提供上下列车的通道。在地下车站使用屏蔽门系统,隔断了站台侧公共区域与轨道侧空间,将站台公共区与隧道区间完全隔离,消除了车站与轨道区间的热量交换,降低了环控系统的运营能耗。

屏蔽门系统的设置杜绝了乘客因特殊情况掉下站台的情况,使列车的正常运营得到了保证,还为轨道交通实现无人驾驶创造了条件,同时避免了人员跌落轨道的安全隐患以及列车司机驾车进站时的心理恐慌问题。屏蔽门也具有障碍物检测功能,即活动门关闭时检测到障碍物,会后退作短暂停止以释放夹到的障碍物,然后再关闭,以免夹伤乘客。

地下车站的屏蔽门系统能够隔离列车运行时所产生的噪声、活塞风以及粉尘,降低车站噪声及活塞风对站台候车乘客的影响,并可避免活塞风所造成的站内空调冷量的损失,改善乘客候车环境的舒适度,保证站内乘客良好的候车环境,节省运营成本,同时还可减少设备容量及数量、减少土建工程量等投资建设成本,从而产生良好的社会、经济效益。

三、屏蔽门系统的设备构造

屏蔽门系统由机械和电气两部分构成;机械部分包括门体结构和门机系统,电气部分包括控制系统和电源系统。

1. 门体结构

门体结构由支撑结构、门槛、滑动门、固定门、应急门、端门、顶箱等组成。门体结构采用中空橡胶密封和尼龙毛刷相结合的形式,以隔离噪音和阻止站台与轨道之间空气及热量的对流,提高环控效率,如图2-5所示。

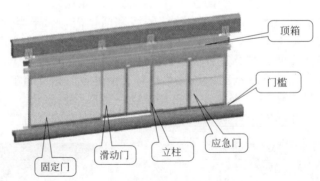

图2-5 屏蔽门结构简图

① 固定门:隔断站台和轨道,对应地设在列车非车门位置。由钢化玻璃、门框等构成,门框插挂于立柱的方孔内,门框与立柱之间设有橡胶减振垫。

② 端头门(Platform End Door, PED):设置于屏蔽门两端进出轨道运行区的门。主要用于车站工作人员在站台和轨道之间的进出,同时兼顾紧急情况下疏散乘客的要求,端头门有门锁装置,并且在列车活塞风作用下不会开启。

③ 滑动门(Automatic Sliding Door, ASD):为中分双开式门,与列车车门一一对应。关闭时隔断站台和轨道,开启时供乘客上下列车,在非正常运行模式和紧急运行模式下,也可作为乘客的疏散通道。

滑动门设手动开锁机构,并与置于顶盒内的闭锁机构联动,在滑动门关闭后,闭锁机构可防止外力作用将门打开。在滑动门开启并处于正常运营模式时,滑动门的门锁可自动解锁;但在非正常运营模式和紧急运营模式下,站台工作人员或乘客可手动打开滑动门,实现解锁,即每个活动门在轨道侧均可用把手、在站台侧均可用"通用"钥匙对门进行开/闭操作。

④ 应急门（Emergency Exit Door，EED）：列车门与滑动门不能对齐时，供疏散的门。应急门在正常情况下不开启，在紧急情况下，列车停车位置与活动门不对应时，可通过开启应急门疏散乘客。应急门设有锁紧装置，且开启方便。

2. 门机系统

门机系统主要由驱动装置、传动装置、锁紧装置、门控单元（Door Control Unit，DCU）等组成。门机系统的功能主要是满足正常运行模式、非正常运行模式和紧急运行模式下开、关、锁定活动门。

3. 控制系统

控制系统主要由屏蔽门主控制器（Platform Edge Door Control，PEDC）、站台操作盘（PSDs Local Control Panel，PSL）、屏蔽门监视器（Remote Warning Panel，PSA）、控制回路等组成。屏蔽门控制系统是一个对屏蔽门进行实时监控管理的计算机网络系统，所以应具有高速性、实时性和可靠性。

屏蔽门主控器实现系统内部信息的收发、采集、汇总和分析，并实现与系统内部 PSL、PSA、DCU 各单元之间，信号系统之间的信息交换。站台操作盘用于实现站台级控制。屏蔽门控制系统以两侧站台屏蔽门为控制对象，构成一个完整的控制系统，应确保任一侧屏蔽门的故障不应影响另一侧屏蔽门的正常运行。

4. 电源系统

该系统主要由驱动电源（Uninterruptible Power System，UPS）、控制电源（UPS）、系统配电柜、屏蔽门与地轨、站台绝缘地板等组成。

四、屏蔽门系统的运行控制模式

应保证设备处于安全受控的状态，实现系统的各项功能，为车站正常运营提供必要的设备基础条件。屏蔽门系统一般设置有系统级、站台级、人工操作（或称手动操作）三种常控模式。系统级控制即执行信号系统命令的控制模式；站台级控制即执行站台 PSL 操作盘发出的命令模式；手动操作即站台工作人员在站台侧用专用钥匙解锁或由乘客在轨道侧使用解锁装置打开活动门。

1. 系统级控制（正常运行模式）

系统级控制为正常运行模式，用于在系统正常情况下，列车正确停站后，屏蔽门接受 ATC 指令控制活动门的开/关。

2. 站台级控制（非正常运行模式）

当系统级控制不能正常运行时，如在列车停位不正确、信号系统故障、信号系统与屏蔽门系统通信中断、屏蔽门系统局部故障等非正常情况下，司机可通过站台端头控制盒（PSL）进行屏蔽门的开门、关门操作，实现屏蔽门的站台级操作。

3. 手动操作（紧急运行模式）

当正常运行模式（系统级控制）、非正常运行模式（站台级控制）均不能操作屏蔽门时，在站台侧，由站台工作人员用钥匙打开活动门；在轨道侧，由司机通过车内广播通知乘客使用 PSD 上的手动解锁把手自行开启屏蔽门。

此外，屏蔽门系统还设置有火灾控制模式，即在相应的火灾模式下，车站值班人员在车站控制室操纵消防联动盘操作屏蔽门紧急控制开关，配合打开活动门，疏散乘客和配合环控系统排烟。以上各种运行模式下的控制，应具有优先级处理功能，即紧急运行模式下的控制具有最高优先级，非正常运行运行模式下的控制优先于正常运行模式下的控制。控制优先级从高到低依次是人工操作（或称手动操作）、火灾控制、站台级控制、系统级控制。

第三节　城市轨道交通机电设备自控系统

【学习目标】
1. 熟悉城市轨道交通 BAS 的主要功能。
2. 掌握城市轨道交通 BAS 设备组成。
3. 理解城市轨道交通 BAS 的控制等级。

BAS，即 Building Automation System（建筑楼宇自控系统），在轨道交通系统中被称为车站机电设备自控系统。该系统能对城市轨道交通沿线车站、区间和相关建筑内的环控、低压、照明、给排水等机电设备进行运行监视、故障报警和遥控开关。在火灾发生的情况下，可接受消防报警信号，使车站的空调和通风设备按火灾工况运行。整个系统由微处理器进行监测和控制，系统的运行情况可在终端上进行显示，并由打印机打印记录。系统的控制要求和参数，可在键盘上输入，也可以通过键盘命令直接对设备进行控制。城市轨道车站根据车站所处位置可分为地下、地面和高架车站，其中轨道交通地下车站的 BAS 最为复杂，以下主要介绍地下车站的 BAS。

一、城市轨道交通车站 BAS 的主要功能

① 对城市轨道交通地下车站机电设备和环境进行集中监控，并对其环境进行实时监测和优化控制。

② 地下车站 BAS 是集轨道交通地下车站、区间和相关建筑内的环控、低压配电、照明、给排水、监控于一体的综合自动化系统。该系统通过现代化自动控制技术与网络技术，对城市轨道交通地下车站机电设备运行状况实时集中控制、监视和报警，从而减少设备操作复杂性及操作难度，协调设备运行，监视车站和相关建筑物内各泵房危险水位，监控区间泵房水位状态，保证轨道交通安全运行。

③ 接受 FAS（火灾报警系统，Fire Alarm System）和 ATS（列车自动监控系统，Automatic Frain Supervision）等传达的灾害信息，控制相关设备转向灾害模式，实现城市轨道交通防灾自动化。由消防报警系统提供火灾报警信息，地下车站机电设备系统、自动控制系统联动相关的机电设备转向火灾模式，实现地下轨道交通发生火灾时机电设备联动自动化，将火灾的影响程度降到最低，保证轨道交通设施和乘客的安全。当列车在区间发生火灾和阻塞时，联动控制区间隧道通风设备，执行火灾工况。

④ 通过对车站机电设备运行状况的分析、环境参数的采集，为设备管理提供决策依据，实现车站机电设备科学管理与合理维护。

二、城市轨道交通车站 BAS 设备组成

车站 BAS 设备是由以下各类设备组成的：车站的分站控制器，区域控制器，车控室中

的计算机打印机，各类温、湿度传感器。

1. 分站控制器

每个车站在南、北环控电控室或环控机房内各设置一台分站控制器，分南北两端监视控制所属设备，包括空调通风系统、各种水泵和风机。每个分站控制器上有两个微处理器，其中一个管理控制器间的通信，另一个管理数据处理工作，分站控制器上驻留有控制管理程序。

2. 区域控制器

安装区域控制器的目的就是在所控制的设备分站控制器较远时，在设备就近设置区域控制器，对其附近的设备进行监视和控制。

可在车站的废水泵房、集水泵房、污水泵房各设置一个区域控制器，监视废水泵、集水泵、排水泵、污水泵的运行状态和水位报警。区域控制器分别与南环控电控室和北环控机房的分站控制器相连。

3. 计算机和打印机

BAS的设备控制中心设置在车控室，和消防报警设备放在一起，配置带键盘的终端一台、高速打印机一台，主要打印报警信号、计算机累积资料等。这两台设备和消防报警系统的打印机放在一个工作台上。终端和环控电控室的主分站控制器相连（二者之间的距离不超过50m）。

4. 温、湿度传感器和执行机构

站台、站厅空调通风系统由分站控制器直接进行控制，每个系统新风口处设置温度和湿度传感器，以检测大气的温度和含湿量，在空调箱表冷器后设置温度检测器。在回风管中设置温度和相对湿度传感器，监视车站内环境温度、湿度。这些检测器均利用相应的分站控制器直接相连，测量值均传送至分站控制器，分站控制器对这些数据进行计算和分析，根据计算结果，对空调通风系统的风阀和冷冻水阀进行控制。

5. 火灾工况下的控制

当车站发生火灾时，由消防自动报警系统（FAS）向设备控制系统发出火灾报警信号。报警信号分站台南端火灾、站台中部火灾、站台北端火灾、站厅南端火灾、站厅中部火灾、站厅北端火灾六种。每种信号指示本系统完成指定的设备控制工作。在本系统执行完设备控制的任务后，向消防自动报警系统发出执行完成信号。

三、城市轨道交通车站 BAS 的控制等级

运用机电设备自动控制系统是城市轨道交通内机电设备科学管理、高效运行的重要手段，是城市轨道交通机电设备协调高效运行的前提。一个运行良好的机电设备自动控制系统不但能为广大乘客提供舒适的乘车环境，还能有效提高城市轨道交通对意外突发安全事件反应处理能力，保证城市轨道交通安全运营。机电设备自动控制系统运行方式为24小时不间断自动运行。其控制功能及权限分为中央、车站、现场三级。其中中央级工作站由OOC的环控调度员使用并负责日常管理，车站操作人员负责车站级和现场级的使用并负责日常管理。机电设备自动控制系统维修班则全面负责机电设备自动控制系统维修和故障处理，确保机电设备自动控制系统的正常使用。

1. 中央级工作站

系统中央级工作站设于控制中心的中央控制室,主要由计算机主机、显示器、打印机、网络 TAP、隧道火灾通风控制盘、中央控制器等组成。中央级具备远程控制功能,通过操作工作站,值班人员可根据实时运行状态向有关车站发出控制指令,实现远程控制。

2. 车站级工作站

系统车站级工作站设于车站控制室内,其主要由计算机主机、显示器、打印机、网络 TAP、控制器接口、消防报警接口等组成。控制器接口通过车站监控系统通信网络与车站监控工作站及控制中心通信,接收控制中心指令并控制现场控制器,同时将设备运行状态和参数送到车站监控工作站及控制中心。

3. 现场级工作站

现场级控制器一般集中于环控电控室,部分分散设置于现场被监控设备的附近。

第四节　城市轨道交通火灾报警系统

【学习目标】
1. 掌握轨道交通建筑系统的火灾特点。
2. 掌握城市轨道交通消防系统的防火要求。
3. 熟悉城市轨道交通 FAS 的组成。
4. 理解 FAS 和 BAS 在火灾工况的运行控制。

城市轨道交通 FAS(Fire Alarm System,火灾报警系统)由火灾监控系统、自动报警系统和自动灭火系统组成。火灾监控系统由灵敏的温感、烟感、红外线反应的传感器和自动巡检及显示元件组成,可以及时将探测器检测到的火灾情况传输给报警系统和自动灭火系统。自动报警系统以灯光信号和报警铃声反应到控制面板,提示值班人员。而自动灭火系统在得到信号后,切断所有可能有助于燃烧的工作设备,如空调、通风机的电气线路。同时,接通消防专用设备的工作电路,启动有关消防设备,如排烟风机、防烟垂壁、管道排烟阀、关闭电动防火门、防火卷帘门,接通火灾事故照明灯、疏散标志灯等。

一个功能完备的火灾报警系统能够大幅减少火灾带来的财产损失和人员伤亡,是轨道交通车站必不可少的设备设施。

一、轨道交通建筑系统的火灾特点

城市轨道交通车站具有智能化建筑的特点,按目前已建成的车站的地理位置,一般可分为地面车站、地下车站和高架车站,其火灾具有以下特征:

1. 建筑结构特殊,特性复杂

地下车站由于建筑物大多在地下层,空气不流畅,隧道距离长,在隧道内火灾发生时,内外温差所形成的热风压大,烟雾不容易散发,会使火灾迅速蔓延、扩散,加上站台层至出口距离长,且人员集中,疏散难度大,容易造成窒息。

2. 电气设备多，监控要求高

在轨道交通建设中，会大量使用各种电气设备，如照明灯具、电冰箱、电话、自动电梯、空调设备、风机、变电站，还有众多通信信号、广播电视、电气设备的配电线路和信息数据通信布线，密如蛛网，一旦出现电火花或发生线路绝缘层老化短路，极易发生电气火灾，火灾会沿着线路迅速蔓延。

3. 客流量大，且集中

在客流量高峰时段，站台层可能会滞留大量人群，一旦发生火灾，人的慌乱、恐惧心理加上复杂的疏散通道，使乘客难以安全地疏散逃离。

4. 火灾扑救难度大

由于轨道交通是特殊的公共场所，加上客流量非常大，利用外面的消防队，从车站外灭火显然相当困难。一般要立足于自救，即主要依靠站内消防安全设施来及时将火灾扑灭，真正实现安全、高效。

5. 火险隐患多，火灾损失重

城市轨道交通系统是一个开放性的场所，客流较多，消防安全管理方面的不确定因素较多，潜在的火险隐患大，一旦起火，易形成大面积火灾，扑救疏散困难，势必损失严重。

二、城市轨道交通的消防系统防火要求

在我国现已建成的城市轨道交通中，大多采用了国外的消防报警设备，如美国 Simplex 公司 4120 系列，美国爱德华公司的 EST-3（Edwards System Technology，EST）系列和瑞士西伯乐斯系列产品。而国内的主要产品有 JB-QB-50-2700/076 型报警器、BMC-644-F 型报警器。为营造轨道交通安全、高效、舒适的环境，无论使用哪一种产品都必须满足以下条件：一旦发生火情，防灾报警必须做到早期自动监控和紧急自救措施，确保万无一失。按国家标准《建筑设计防火规范》（GB 50016—2014），消防系统必须满足以下要求：

有火情发生时，能及时、准确地发出火警信号，并显示火情发生的地点、内容。

能立即启动防排烟系统、固定灭火系统，并有明确显示。及时切断灾区电源，以防电气失火，同时启动安全疏散人员的照明系统和导向系统。

除报警功能外，设备还应具有自动检测、报告系统各部分发生的故障和监控功能。

设备应具有备用电源，当主电源失电时，能及时启用备用电源，确保系统正常运行。

火灾报警器必须有记忆功能，自动记录火情及故障发生的地点和时间，以备查看和分析。

三、FAS 的组成

1. 火灾探测器

火灾探测器是根据其传感器的结构和原理设计而成的一种火灾发生时的报警设备，对具有火灾信息特征的物理量，如烟雾、气体、光、热等火灾参数进行设定与探测。常用的轨道交通火灾报警系统所使用的探测器可分为：感烟探测器（普通型、智能型）、感温探测器（普通型、智能型）、复合型探测器（智能型）。各类探测器使用的场所见表 2-3。

表 2-3 各类探测器使用的场所

探测器类型	特点	使用场所
点型离子感烟探测器（普通型）	灵敏度高，历史悠久、技术成熟、性能稳定	站厅层、站台层公共区域、气体保护用房等
点型离子感烟探测器（智能型）	灵敏度高，对湿热气流扰动大的场所适应性好	设备用房、管理用房等
红外光束线性感温探测器	探测范围大，可靠性、环境适应性好	停车场、变电站、车辆检修库等
点型感温探测器	性能稳定，可靠性、环境适应性好	厨房、锅炉房、吸烟室及气体保护用房等
缆式线型感温探测器		电气电缆井、站台层两边的电缆夹层等
复合探测器	综合探测发生火灾时的烟雾温度信号，探测准确，可靠性高	装有联动装置系统处、设备用房、管理用房等单一探测器不能确认火灾的场所

2. 消火栓灭火系统

消火栓以水作为一种灭火介质，是一种既及时又有效的灭火工具。系统由消防给水设备即消火栓部分（包括给水管网、加压泵、水枪、水带等）和电控部分（包括启泵按钮、防灾报警器启泵装置及消防控制柜等）组成。为保证喷水枪在灭火时具有足够的水压，需要采用加压设备。常用的加压设备有两种：消防水泵和稳压给水装置。消火栓灭火系统中消防水泵的启动和控制方式的选择，与建筑物的规模和水系统设计有关，为确保安全，控制电路设计应简单合理。

3. 自动喷水灭火系统

自动喷水灭火系统是目前世界上应用最广泛的一种固定消防设备。从 19 世纪中叶至今已有 100 多年的历史，其最大的特点是价格低廉，灭火效率高。据美国、澳大利亚等国家统计，其灭火成功率在 96％以上。自动喷水灭火系统能可靠工作的关键在于，系统的自动控制要符合国家规范的要求，做到安全可靠。该系统适用于温度不低于 4℃（低于 4℃受冻）和不高于 70℃（高于 70℃失控）的场所。

4. 气体自动灭火系统

气体自动灭火系统是固定灭火系统的一种，一般安装在车站的重要设备用房，如车站的通信机械室、信号机械室、降压站、牵引变电所、电器设备室等。轨道交通常用的气体灭火系统由卤代烷气体灭火系统、烟烙尽气体灭火系统。这些气体具有灭火快、用量省、久储不变质、洁净、低毒或无毒、不导电、无水迹、易气化、空间分布与淹没性能良好等的化学特性。无论采用何种灭火气体，它们的灭火原理基本相同，其工作程序如图 2-6 所示。

火情发生后，一般首先由火灾探测器报警（感烟、感温探测器），信号到达

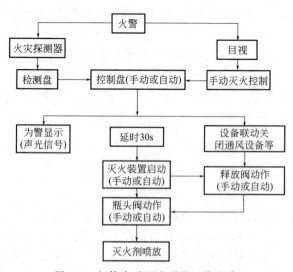

图 2-6 气体自动灭火系统工作程序

控制盘，经 CPU 处理、分析后，输出延时信号与 DC24V 动作信号，关闭防火阀，启动瓶头阀。

1) 卤代烷气体灭火系统

卤代烷气体灭火系统有两种，一种是 1301（三氟溴甲烷，化学符号 $CBrF_3$）灭火系统，也称为"哈龙气体"；另一种是 1211（二氟氯溴甲烷，化学符号是 CF_2ClBr）灭火系统。卤代烷气体灭火系统气化性能好，自喷嘴喷出后，即可气化，使保护区域灭火气体均匀分布，不留残液，但由于卤代烷灭火剂会造成对地球大气臭氧层的破坏，危害人类的生存环境，根据联合国环境规划署（UNEP，United Nations Environment Programme）的规定，为了保护大气臭氧层，停止生产卤代烷灭火剂，我国自 2000 年起停止生产和逐步淘汰该灭火剂。

2) 烟烙尽气体灭火系统

作为灭火药剂的烟烙尽气体，由 52% 的氮气、40% 的氩气和 8% 的二氧化碳这 3 种自然存在于大气中的惰性气体组成。当烟烙尽气体依规定的设计灭火浓度喷放于需要保护的区域中，可以在 1min 之内将区域内的氧气浓度迅速降至 12.5%，而使燃烧无法继续进行。

烟烙尽气体由自然存在于大气中的 3 种惰性气体组成，在灭火后它们又自然地回归于大气层中，不存在温室效应，不破坏臭氧层，是真正意义上的"零"污染。在规定的设计灭火浓度下（37.5%～43%），烟烙尽气体对人体完全无害，不产生任何化学分解物，对设备无腐蚀、伤害，目前轨道交通气体灭火系统主要采用该产品。

5. 防火、防烟、排烟系统

根据《建筑设计防火规范》（GB 50016—2014）的要求，智能建筑设计都要具有防火、防烟、排烟系统。在消防联动控制系统中，报警主机应集中控制所有层面的防火门、防火阀、防火卷帘、排烟机、送风、排风机及空调、通风设施。

火灾产生的烟气主要成分是一氧化碳，人在这种气体的作用下，死亡率很高，约 50%～70%。另外烟气遮挡人的视线，使人们在疏散时难以辨别方向。因此，当发生火灾时，应立即投入防排烟工作，将烟气迅速排出，防止烟气窜入其他区域。防排烟设施的设置必须满足便于安全疏散、便于灭火、可控制火势蔓延扩大的设计目标。

轨道交通的防排烟措施一般是采用防火阀、防火门、防火卷帘门、排风机等设备组成的系统。防烟设备的作用是防止烟气侵入疏散通道，而排烟设备的作用是避免烟气大量积累并防止烟气扩散到疏散通道。因此，防烟、排烟设备及其系统的设计是车站自动消防系统的必要组成部分。

防排烟措施还包括正压送风机、排烟风机、送风阀及排烟阀，以及防火卷帘门、防火门等设备与消防控制主机联动，并在消防主机上显示各设备的运行情况，进行连锁控制和就地控制；根据火灾情况打开有关排烟道上的排烟口，启动排烟风机，降下有关防火卷帘门及防烟垂壁，打开安全出口的电动门，关闭有关防火阀及防火门，停止有关防烟分区内的空调系统；同时打开送风口、关闭风机等。

6. 火灾自动报警系统

城市轨道交通车站火灾自动报警系统中设置火灾自动报警、控制系统的目的，是将火灾消灭在萌芽状态，最大限度地减少火灾损失，满足轨道交通防火安全的需要。一旦轨道交通发生火灾，其火灾报警系统应能及时探测、鉴别、判定其信号，并能自动启动消防设施，自动关闭不必要的电力系统，启动防排烟系统，并与车站自动控制系统配合，实现火灾工况联动，同时，应将火警信息联网通信。

四、FAS 和 BAS 对火灾工况的运行控制

车站一旦发生火灾，车站工作人员要及时了解火灾情况，采取正确的方法扑灭火灾，如果火势无法控制，要及时报警，将车站设备正确地调整到灭火状态，疏散乘客并参与灭火。

某轨道交通车站可能发生火灾的区域一般划分为 7 个（假定车站为南北向）：①站厅北端设备用房火灾区域；②站厅公共区域火灾区域；③站厅南端设备用房火灾区域；④站台北端设备用房火灾区域；⑤站台公共区域火灾区域；⑥站台南端设备用房火灾区域；⑦站台下（电缆层）火灾区域。

1. 车站公共区域火灾

当车站公共区域发生火灾时，如果车站消防报警设备（FAS）、自动控制设备（BAS）、通风设备等处于正常的自动位置，会自动调整到火灾工况，不需要人进行操作。只有发生设备故障时才需要人工调整到火灾工况。

车站火灾状态下送排风系统的运行：车站某个区域发生火灾时，不能向该区域送风以免火势扩大，该区域应采取集中排风措施。

火灾工况的调整原则：将流动空气远送近排，从而使火灾区域形成负压，以利于通风灭火。

站厅公共区域火灾设定工况：站厅送风阀关、站厅排风阀开、站台送风阀开、站台排风阀关、回风防火阀关。夏季气温温度较高时要关闭车站冷水机组。

车站公共区域发生火灾，电器设备用气体灭火器灭火，非电器设备发生火灾可用消火栓灭火。

防火卷帘门、防火门等常用来分割防火分区。火灾发生时，为防止火灾蔓延，将防火卷帘门、防火门等关闭，可尽量缩小火灾范围，减少火灾损失。

车站发生火灾应关闭屏蔽门，停站列车以通过方式驶离发生火灾的车站，并且不要让列车在本站停靠。

2. 设备和管理用房火灾

没有自动气体灭火装置的房间发生火灾时：应该关闭送风防火阀，打开排风防火阀，并打开该房间的排风机。

装有自动气体灭火装置的房间发生火灾时：关闭送风防火阀、排风防火阀（系统正常自动调节），灭火后打开防火阀排烟。

3. 列车停站时发生火灾

列车停站产生的热量或停站列车火灾产生的烟雾由车站两端的排热风机排除。

列车停站发生火灾应对排热系统风阀进行手动调节。如果火灾列车停在上行侧，应关闭下行侧的上下排热风管上的风阀，使排热风机集中排火灾发生侧的烟雾。如果火灾列车停在下行侧，应关闭上行侧的上下排热风管上的风阀。

4. 列车在区间发生火灾

当列车在区间隧道内发生火灾时，必须用设在车站两端的事故风机向隧道内输送新风。向隧道内输送新风的原则是：使乘客面迎新风方向疏散。车站开启事故风机必须根据控制中心环控调度的命令执行。一般由近火灾点的车站送风。

第五节　城市轨道交通车站照明系统和给水系统

【学习目标】
1. 熟悉城市轨道交通车站照明系统。
2. 熟悉城市轨道交通车站给水系统、消防水系统概况及特点。
3. 熟悉城市轨道交通车站排水系统、水设备系统概况及特点。

一、城市轨道交通车站照明系统

城市轨道交通车站照明系统包括正常照明、应急照明和广告照明。地下车站和地面车站夜间照明均由车站正常照明提供光源；应急照明是在车站正常照明发生故障时，为疏散乘客提供必要的照明，通常由蓄电池提供，当正常照明失电，应急灯立即启用，一般可维持 30min 左右。

1. 城市轨道交通照明灯

照明作为地下车站的唯一光源，对车站的正常运营具有重要的作用。照明按类型划分为一般照明和事故照明，一般照明要求达到一定的亮度和均匀度，普遍采用日光灯，局部由节能灯作为一般照明；事故照明由于要求在事故状态下仍保持最低的照明要求，此时由直流电流供电，因此照明灯具应适应交、直流两种电源，一般采用白炽灯作为光源。随着技术的进步和节能要求的提高，发光二极管（Light Emitting Diode，LED）这种半导体固体发光器件，作为光源已逐步进入车站。

(1) 日光灯

日光灯与白炽灯相比，具有耗电省、光效高、寿命长的特点，现在已作为一般家庭、商场、办公楼及公共场所的照明光源之一。

(2) 节能灯

节能灯是采用三基色稀土元素的新型光源，具有高效、节能、舒适、亮丽、长寿的特点。由于管径细，体积小，一般设计成紧凑型式。LED 作为节能灯的一种，更能体现节能、长寿、高亮度的特点。

(3) 安全导向灯

安全导向灯是在发生意外紧急情况时，仍需保持点亮的灯，可以引导人群向安全方向撤离，因此，要求在失去正常供电电源后仍能维持指示作用。其主要采用两种供电方式：第一类由车站直流屏提供 220V 直流电源，此类灯以采用白炽灯为主；第二类由灯具自带的备用直流电源经逆变装置供电，此类灯一般由小功率灯具组成，以尽量延长紧急状态时的照明时间。目前车站大部分使用场致发光板形式的导向灯，场致发光板具有光线柔和、寿命长、功耗低等特性。

2. 供电与配电方式的选择

供电方式的选择：供电方式主要考虑照明的类型，一般照明由高压变电所 400V 供电柜供电。但对于公共区域、设备房照明尽可能分开供电，同时照明不宜使用大容量开关供电而应采用小容量多回路供电，以减小设备故障引起的影响。事故照明的交流电源经直流屏切换回路输出供电。导向灯电源为防止交流换电后引起备用直流电源过放电，必须接入不断电电源,即一般照明中的节电照明回路。

配电方式的选择：在配电室,照明回路使用无双电源备用系统,从而在照明区域解决双电源供电问题。当某一回路故障或某一段电源失电时,在区域内仍有一半照明可以维持,只是照度降低,但照明的均匀度基本还可以保持。事故照明的配电方式是在一区域内由多个开关回路供电。在关键部位设置保证照明,对一般区域发生事故时,只要达到最低照度即可。

3. 城市轨道交通供电系统的控制方式

车站照明控制可分为车站控制室遥控和就地控制两种方式。

(1) 就地控制

就地控制又分集中控制和分散控制。

分散控制：各设备及管理用房进门处设有就地开关箱或盒,可控制相应设备及管理用房的一般照明。区间照明由隧道内照明控制箱控制。

集中控制：照明配电室内设有相应照明场所的照明配电箱,可在室内集中控制相应场所的一般照明、事故照明和广告照明。同时,在降压站内可对各类照明根据需要进行集中控制。

(2) 车站控制室遥控

车站控制室设有一般照明控制盘,通过按钮控制降压站内照明柜,可以实现对站台、站厅一般照明、节电照明和区间隧道照明的集中控制。在正常情况下,下级配电开关均全部处于合闸位置,通过车控室遥控方式实现对车站场所的照明控制。当需局部变动照明状态时才对下级开关作相应的调整。

通过对车站低压电器及照明系统各设备的正确操作和管理,保障设备处于安全受控状态,使设备达到优质、高效的运行工况,实现系统的正常功能,为车站正常运营提供必要的基础条件。

二、城市轨道交通车站水系统

城市轨道交通水系统主要包括给水系统、排水系统和水消防系统3个子系统,它为城市轨道交通运营提供所必需的生活、生产、消防用水;收集排出生产、生活、消防等产生的废水、污水以及地下结构渗漏水、雨水等;为城市轨道交通运营提供完整的水消防系统,保证城市轨道交通的安全、快捷运行。

城市轨道交通给水系统包括车站给水和基地给水。车站给水系统可分为车站生活、生产给水系统和车站水消防给水系统。

城市轨道交通综合基地的给水系统,负责基地内车辆维修工厂、车辆停车库、基地设备维修工厂、基地设备维修部门等场所的生活、生产、消防给水,以及为个别城市轨道交通地面车站提供生活、生产、消防给水。

1. 给水系统

城市轨道交通给水系统包括车站给水和基地给水。车站给水系统可分为车站生活、生产供水系统和车站水消防系统供水。

城市轨道交通综合基地的给水系统,负责基地内车辆维修工厂、车辆停车库、基地设备维修工厂、基地设备维修部门等单位的生活、生产、消防供水,以及为个别城市轨道交通地面车站提供生活、生产、消防供水。

2. 消防水系统

城市轨道交通车站水消防系统由城市自来水管网二路给水。地下车站、地面车站和基地设有消火栓系统和自动喷水灭火系统。地面车站和高架车站一般仅设有消火栓系统。

3. 排水系统

城市轨道交通车站的废水有生活废水、冲洗废水、生产废水、消防废水、雨水、地下结构渗漏水等。车站的污水仅指厕所污水。城市轨道交通地下车站排水主要有以下6个独立系统：

① 地下车站废水由设在车站站厅、站台层的地漏将废水排入车站轨道两侧明沟和站台下排水沟，经汇集至车站端头废水池内，由废水泵提升排入地面市政排水管道。

② 污水由厕所的下水管道汇集至污水池，然后由污水泵提升排入地面市政污水管道或地面化粪池。

③ 出入口雨水汇集至出入口处的集水池，由排水泵提升排入地面市政排水管道。

④ 地下结构渗漏水和车站风井的雨水汇集于就近的集水池，由排水泵提升排入地面市政排水管道。

⑤ 城市轨道交通的地下车站设计为高位站台，所以两个车站之间的区间隧道中点地势最低，因此在区间隧道中点地势最低处设有区间排水泵站，区间隧道内的结构渗漏水、生产废水或消防废水等沿着车辆轨道两侧明沟汇集至区间排水泵站的集水池，由排水泵提升排入地面市政排水管道或排入车站端头废水池内。在区间隧道的敞开式出入口处（即区间隧道的敞开式洞口）均设有排水泵站，将流入隧道的雨水由排水泵提升排入地面市政排水管道。

⑥ 变电站电缆层设有排水泵站。

4. 给排水系统设备

生产、生活给水系统设备由水源（城市自来水）、水池、水泵、水塔（水箱）、气压罐、管道、阀门、水龙头等组成。

消防给水系统设备由水源（城市自来水）、消防地栓、水泵结合器、消防水泵、管道、阀门、消水栓（喷头）、水流指标器等组成。

地面车站和高架车站一般仅设有变电站电缆层排水泵站，自动扶梯机坑设有排水泵。车站污水排放系统设备主要由集中井、压力井、化粪池等组成。车站废水排放系统设备主要由集中井、压力井等组成。

▶拓展阅读◀
城市轨道交通
客运组织专业
术语汇总表

【本章实践】

根据给定车站列车设备设施的布置状况，设计自动售/检票设备的数量和位置。分小组完成以下任务：

1. 根据所学知识，结合给定车站列车设备设施的布置状况，设计自动售票机的数量，并注明自动售票机的位置。

2. 根据所学知识，结合给定车站列车设备设施的布置状况，设计进、出站闸机的数量，并注明进、出站闸机的位置。

3. 完成上述任务后，进行小组自评和互评，最后教师讲评，取长补短，开拓完善知识内容。

第三章　城市轨道交通车站设备故障应急处理

城市轨道交通车站及其相关场所是人流密集场所，车站内应急处理设备包括消防设备、自动扶梯、屏蔽门及 AFC 设备故障应急处理。考虑到城市轨道交通消防安全的重要性，本章讲述城市轨道交通消防设施的工作原理及操作方法，并介绍车站日常使用频率较高、与乘客密切相关的电扶梯、屏蔽门及 AFC 设备的操作及发生故障后的现场应急处理方法，为车站工作人员提供操作处理指引。

为防止因意外火灾事件影响正常运营，轨道交通车站均需安装消防报警设备，一旦发生火警，火灾报警必须做到早期自动监控、紧急情况下进行自救；车站自动扶梯经常由于乘客不正确乘坐及使用不当造成摔伤等意外事故，因此作为车站运营管理人员必须熟练掌握自动扶梯的基本操作和应急处理流程；城市轨道交通系统使用的站台安全防护设施有全封闭屏蔽门、半封闭屏蔽门和安全护栏等，作为连接站台与车辆的重要设备，要掌握屏蔽门故障的应急处理操作要点；自动售票机（TVM）安装在车站非付费区，用于向乘客发售单程票的设备，要掌握车站 AFC 设备常见故障处理方法。

第一节　车站消防设备运用

【学习目标】
1.熟悉城市轨道交通的消防系统防火要求。
2.掌握常用城市轨道交通车站 FAS、气体灭火器系统的使用方法。
3.掌握常用城市轨道交通车站消火栓、灭火器、防火排烟系统的使用方法。

一、城市轨道交通的消防系统防火要求

为了确保轨道交通具备安全、高效、舒适的环境，防止因意外火灾事件影响正常运营，轨道交通车站均需安装消防报警设备，一旦发生火灾，火灾报警必须做到早期自动监控、紧急情况下进行自救措施，按照国家标准《建筑设计防火规范》（GB 50016—2014），消防系统必须满足以下要求：

有火情发生时，能及时、准确地发出火警信号并显示火情发生的地点、内容；

能立即启动防排烟系统、灭火系统并有明确显示。及时切断灾区电源，以防电气失火，同时启动安全疏散人员的照明系统和导向系统；

除报警功能外，设备还应具有自动检测、报告系统各部分发生的故障和监控功能；

设备应具有备用电源,当主电源失电时,能及时启用备用电源,确保系统正常运行;

火灾报警器必须有记忆功能,自动记录火情及故障发生的地点和时间,以备查看和分析。

二、车站消防设备

车站消防设备组成如下:火灾自动报警系统(FAS)、气体灭火系统、消火栓、灭火器、防火排烟系统。

1. 火灾自动报警系统(FAS)

火灾自动报警系统(Fire Alarm System,FAS)是为了及早发现、通报火灾,以便及时采取措施扑灭火灾而设置于城市轨道交通范围内的一种自动消防设施。

城市轨道交通每一条线的火灾自动报警系统以环网方式将各车站的报警控制器构成一个整体网络,在控制中心能对全线报警系统实行监控管理,随时掌握全线动态情况,在其所管辖范围内,对火灾状况进行检测报警和实施有关消防操作。火灾自动报警系统主要实现火灾检测报警、其他系统消防设备的监视及控制、系统故障报警、消防电话通信等重要功能。

(1) 火灾自动报警系统的设备及分布

在城市轨道交通各车站、主变电所、车辆段、区间风机房和控制中心大楼均设有火灾自动报警系统,分为车站级和中央级两级。

车站级设备包括火灾报警控制盘与站级计算机图形中心、站内的自动报警设备、手动报警器、消防紧急电话等。

中央级设备为安装在控制中心的中央级计算机图形中心,作为全线火灾自动报警系统的操作管理和资料存档管理平台,随时接收显示各车站传送来的报警信号,对车站报警点按全貌、分区等逐级进行图形显示并打印、存档各类信息资料。

现场外部设备包括智能感烟探测器、感温探测器、感温电缆、对射探头、手拉报警器、破玻报警器等。

(2) 火灾自动报警系统的功能

火灾报警功能。系统通过现场火灾探测器检测到火灾情况时,消防控制室控制盘便产生火灾报警信号。

消防设备的监视功能。对其他系统设备,如防火、气体灭火系统、消防水泵等进行监视,当设备动作异常时便产生监视报警,如防火阀关闭、气体灭火系统手动/自动、气体灭火系统报一级火警等。

系统故障报警功能。当系统本身存在故障时,车站级控制盘及中央级计算机进行故障报警。

消防设备的控制功能。当发生火灾需要对某些消防设备进行控制时,系统可以通过模块(辅助继电器)对其他系统的某些消防设备进行强行启动,如关闭防火阀、启动消防水泵、降下防火卷帘门等。

消防通信功能。通过电话插孔、通讯电话使现场与消防控制室(车控室)进行直接通话。

2. 气体灭火系统

车站一些重要设备房间安装有气体灭火系统,如车站通信设备室、信号设备室、屏蔽门控制室、35kV 高压控制室、0.4kV 低压控制室、蓄电池室、环控电控室。当这些房间发生火灾后,通过喷放气体进行灭火,是一种较为理想的自动灭火系统。

(1) 系统组成

气体灭火系统由储存装置、启动分配装置、输送释放装置、监控装置等设施组成，如图3-1所示。气体灭火系统常见的是二氧化碳灭火系统和七氟丙烷灭火系统。七氟丙烷灭火系统是近年来使用比较广泛的灭火系统。

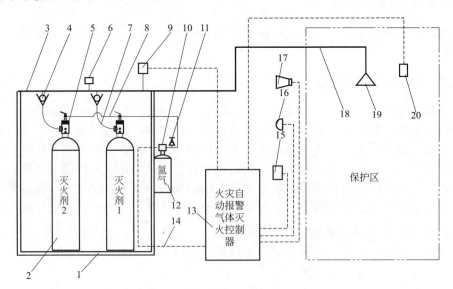

图 3-1 气体灭火系统组成

1—灭火剂贮瓶框架；2—灭火剂贮瓶；3—集流管；4—液流单向阀；5—瓶头阀；6—安全阀；7—高压软管；8—启动管路；9—压力讯号器；10—启动阀；11—低压安全泄漏阀；12—启动钢瓶；13—火灾自动报警气体灭火控制器；14—控制线路；15—手动启动控制盒；16—放气灯；17—声光报警器；18—灭火剂输送管道；19—喷嘴；20—火灾探测器

图3-1中的声光报警器如图3-2所示。对于浓烟引起的报警可采用烟感报警器，如图3-3所示。

图 3-2 声光报警器

图 3-3 感烟报警器

(2) 系统主要设备

钢瓶。钢瓶是用来存储气体灭火系统灭火介质的设备，安装在专用的气瓶间内，房间温度正常且变化不大，比较干燥，不能有阳光照射。钢瓶的数量多少取决于灭火介质的灭火浓度、所保护区域的容积。钢瓶室需要严格管理，人员进出必须登记并且严禁在钢瓶室内擅自进行无关作业。

启动阀。启动阀安装在启动钢瓶的瓶头阀或选择阀上。目前使用的启动阀主要有电磁阀和电爆管两种类型，只需很低的电压或电流即可产生很大的冲击力，将钢瓶的阀门打开，从而释放存储在钢瓶内的气体。目前使用的启动阀基本上属于免维护、单次使用的元件。在维护开始前，需注意将启动阀的信号线物理断开，以免在维护过程中造成误喷气。

输送管网。它由无缝钢管连接而成，从气瓶间敷设到所需要保护的区域，需要用明显的红色漆以区分其他的管道。管道的安装需要经过水压试验，以达到所需的强度。管道安装必须牢固，防止高压气体喷放时导致管道散落。在维护保养中，应着重检查管道是否畅通，相应阀门等设备是否正常。

中央控制单元。中央控制单元是实现逻辑控制处理的核心部件。当系统的探测器收集到火灾报警信号并传送到中央控制单元后，中央控制器进行火灾报警条件判断，在确认火灾情况下发出相应的电压信号，控制相关的报警器响应，并联动相应的设备（如风机和防火阀）动作，控制钢瓶上的启动阀开启。

火灾探测器。在气体灭火系统中，火灾探测器既是"眼睛"，又是"耳朵"和"鼻子"，它能及时地将保护区内的温度变化、空气中颗粒浓度变化、光的亮度等火灾发生的特征信息收集转换成电信号，发送到指挥的中央控制单元。目前常见的火灾探测器有感温型、感烟型和红外对射式等。探测器是收集火灾信息的设备，所以必须要有合适的灵敏度，需定期进行测试和清洗。

辅助开关设备。辅助开关设备主要包括手/自动转换开关、紧急止喷按钮。手/自动转换开关可以实现气体灭火系统操作方式的切换，在有人进入保护区内时须将系统置于手动状态。紧急止喷按钮是在气体灭火系统处于延时阶段内需要将系统停止时使用，主要是避免系统误报带来的损失。

（3）工作流程

气体灭火系统的工作流程如图3-4所示。气灭保护区发生火灾，火灾探测器（感烟探测器、感温探测器）检测到火警信息后，将信息传送至消防控制室火灾报警控制柜，消防控制柜开始报火警，并自动启动气灭联动装置（或人工确认火警后人工启动联动装置），延时约30s后，打开启动钢瓶的瓶头阀，利用启动钢瓶中的高压氮气将对应气体保护房间的选择阀和灭火剂储存瓶（药剂钢瓶）上的容器阀打开，灭火剂经管道输送到喷头喷出实施灭火。喷气的状态在消防控制室火灾报警控制柜及工作站上均会有相应显示。

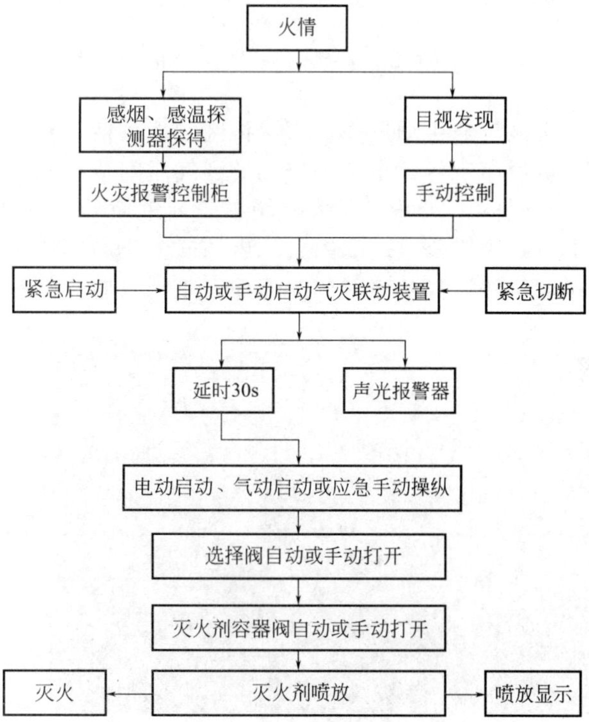

（4）控制及操作方法

城市轨道交通车站气体灭火系统一

图3-4 气体灭火系统灭火工作流程图

般分为三级控制，分别为自动控制、电气手动控制及机械应急手动操作，以下分别介绍三种控制方法。

自动控制：将火灾自动报警气体灭火控制器上控制方式选择键拨到"自动"位置时，灭火系统处于自动控制状态，当保护区发生火情，火灾探测器发出火灾信号，报警灭火控制器即发出声、光信号同时发出联动指令，经过一段延时时间，发出灭火指令，打开钢瓶的启动阀释放启动气体，启动气体通过启动管道打开相应的选择阀和药剂钢瓶阀（瓶头阀），释放灭火剂，实施灭火。

电气手动控制：将火灾自动报警气体灭火控制器上控制方式选择键拨到"手动"位置时，灭火系统处于手动控制状态。当保护区发生火情，车站控制室人员接到火灾报警，经现场确认火势不可控后按下控制器上手/自动转换按钮，将手动控制转换为自动控制，在自动控制状态下即可按规定程序启动灭火系统释放灭火剂，实施灭火。当将气体灭火控制器上的控制方式从手动转换至自动，经延时后未能正常执行，需手动操作气体保护区外的气体启停按钮，手动操作该按钮后，经延时后执行喷气命令（图3-5、图3-6）。

图3-5 消防控制器手动/自动转换按钮

图3-6 气体保护区外气体启停按钮

机械应急手动操作：当保护区发生火情，控制器因故障不能发出灭火指令时，应通知有关人员撤离现场，车站工作人员到气瓶间拔出相应气体保护房间对应的启动瓶上启动阀，释放启动气体，即可打开选择阀、药剂钢瓶阀、释放灭火剂，实施灭火（图3-7）。如果此时遇上电磁阀维修或启动钢瓶中启动气体压力不够不能工作时，应首先打开相对应灭火区域的选择阀，然后打开该区域的药剂钢瓶阀（瓶头阀），释放灭火剂，实施灭火（图3-8）。

图3-7 气瓶间气体保护区对应的启动钢瓶

图3-8 气瓶间气体保护区对应的选择阀

当发出火灾警报，在已执行喷气命令延时时间内发现有异常情况，不需气体灭火系统进行灭火时，可按下手动气体启停盒上的紧急停止按钮，即可阻止控制器灭火指令的发出。

气体灭火系统，使用中应当注意防毒、防冻伤，当喷气命令执行后，开始30s倒计时，气体保护区内人员听到警报声应当立即撤离保护区。

人员进入气体保护区之前，必须确认气体喷气处于手动位，确保人员进入保护区的安全,人员进入后需将气体保护区门敞开,便于意外发生时人员快速撤离保护区。

喷气后进入气体保护区查看火灾是否完全扑灭时,应注意穿戴好自身防护用品,戴上防毒面具,手提灭火器,如果有未扑灭的火苗,用随身携带的灭火器将火扑灭。

(5) 气体灭火系统维护保养

对于气体灭火系统而言,必须严格按照规定进行日常检查和定期检查并进行良好的维护保养,以保证系统始终处于良好的工作状态。城市轨道交通运营设备管理部门必须配有经过专业培训的技术人员负责对系统进行定期检查,发现问题由相应技术人员或厂家维修人员进行维护保养。

1) 日常检查

日常检查维护包括清洁、修理、油漆、每周巡检等工作,由专业维护人员定期检查。每周巡检应检查所有的压力表、操作装置、报警系统设备和灭火控制装置仪表等是否处于正常状态,检查管道和喷嘴是否完整无损、畅通并确保它们在原设计安装位置上。

每周巡检应对封闭空间的情况及存放使用的可燃物进行核查,看其是否符合原设计要求。在巡检中发现问题时,检查人员应立即上报部门主管工程师及部门领导,现场做好防护,注意自身安全。

2) 定期检查

定期检查主要包括半年检、年检及其他检查。

半年检: 系统投入使用后,每隔半年进行一次全面检查和操作试验。检查项目包括,通过压力表检查卤代烷灭火剂存容器内的压力,如果压力损失大于设计值的10%时,应充装氮气。对主要部件包括压力控制装置、灭火控制装置、报警设备等,应分别进行无破坏性的单元操作试验。每次检查结果,应有详细检查记录并注明检查日期。

年检: 每年应对城市轨道交通车站气体灭火系统进行一次全面检查和联动试验。年检项目与半年检相同,联动试验指除喷射灭火剂之外的所有室外探测、报警、启动、控制操作的联动动作试验。

其他检查: 每隔几年(一般3~5年)对各气体灭火系统各阀门进行动作试验,对容器阀进行试验时,先将启动头部分与阀体分开,旋上试验接头,然后打开容器阀,控制启动气源沿管路进入容器阀启动头的活塞上腔。这时注意观察闸刀的动作,若情况良好,方可继续使用。

3. 消火栓

城市轨道交通车站在公共区、设备区均分布设置有室内消火栓(图3-9)。室内消火栓给水系统是一般建筑物应用最广泛的一种消防设施,它既可供火灾现场人员使用消火栓箱内的消防软管及消防水枪扑救初期火灾,又可作为消防队扑救火灾的现场水源。

图3-9 地铁车站消火栓示意图

(1) 消火栓组成

由消防水源、消防水管、室内消火栓箱(水带、水枪、消防软管卷盘)和室外消火栓、消防水泵、消防水泵控制器等组成。

室内消火栓给水系统主要由消火栓箱、室内管网和市政接入管网、消防水箱和消防水池、水泵接合器、消防水泵、消防泵控制室等组成。建筑中使用的室内消火栓设备通常由设置在消火栓箱内的水带、水枪、拴阀等组成。

（2）车站消火栓的使用方法

使用方法具体见图 3-10。

① 打开消火栓箱，取出水带；

② 抛水带：右手握住水带，然后用力向正前方抛出，使水带向正前方摊开；

③ 接水带：右手将水带接头与消火栓接头对接并顺时针转动至卡紧为止；

④ 水枪、打开水龙头。迅速拿起另一头水带接头，一手拿着水枪向着火部位冲去，将水枪头接上水带接口并将水龙头打开；

⑤ 灭火。喷水时，采取包围灭火战术阻止火势和烟雾向四周扩散。

如遇电气火灾，应先断电后灭火。

1.打开或击碎箱门，取出消防水带

2.展开消防水带

3.水带一头接到消防栓接口上

4.另一头接上消防水枪

5.另外一人打开消防栓上的水阀开关

6.对准火源根部，进行灭火

图 3-10　消火栓的使用步骤图

4. 灭火器

灭火器是一种由人力移动的轻便灭火器材，它能在自身压力作用下将其充装的灭火剂喷出扑救火灾，灭火器主要用于扑救初期火灾。城市轨道交通范围内使用的灭火器主要有：干粉灭火器、二氧化碳灭火器、泡沫灭火器。为了方便使用，车站配置的灭火器大多为手提式灭火器。

（1）手提式灭火器概况

手提式灭火器的型号编制方法如图 3-11 所示。各种手提式灭火器的灭火剂和特定的灭火剂特征代号见表 3-1。

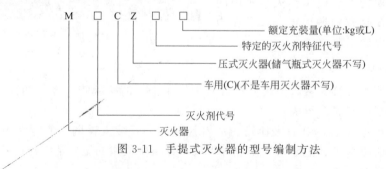

图 3-11　手提式灭火器的型号编制方法

表 3-1　手提式灭火器特征代号表

分类	灭火剂代号	灭火剂代号含义	特定的灭火剂特征代号	特征代号含义
水基型灭火器	S	清水或带添加剂的水，但不具有发泡倍数和25%析液时间要求	AR（不具有此性能不写）	具有扑灭水溶性液体燃料火灾的能力
	P	泡沫灭火剂，具有发泡倍数和25%析液时间要求，包括P、FP、S、AR、AFFF和FFFP等灭火剂	AR（不具有此性能不写）	具有扑灭水溶性液体燃料火灾的能力
干粉灭火器	F	干粉灭火剂，包括BC型和ABC型干粉灭火剂	ABC（BC干粉灭火剂不写）	具有扑灭A类火灾的能力
二氧化碳灭火器	T	二氧化碳灭火剂		

(2) 手提式干粉灭火器

干粉灭火器内充装的灭火剂是干粉。根据所充装的干粉灭火剂种类的不同，干粉灭火器可分为碳酸氢钠干粉灭火器、钾盐干粉灭火器和磷酸铵盐干粉灭火器。由于碳酸氢钠只适用于扑救B、C类火灾，所以碳酸氢钠干粉灭火器又称为BC干粉灭火器。磷酸铵盐干粉适用于扑救A、B、C类火灾，所以磷酸铵盐干粉器又称为ABC干粉灭火器。

主要型号：MF1、MF2、MF3、MF4、MF5、MF6、MF8、MF10等。

适用范围：固体火灾（A类）、液体火灾（B类）、气体火灾（C类）和电气火灾。

检查方法：发现指针指在红色区域或开启使用过，就表明压力不足，应送修。

有效期：一般为5年。

手提式干粉灭火器使用方法详见图3-12。

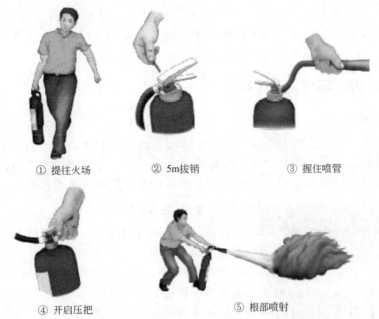

① 提往火场　　② 5m拔销　　③ 握住喷管

④ 开启压把　　⑤ 根部喷射

图 3-12　手提式干粉灭火器使用方法

扑救火灾时，手提或肩扛干粉灭火器至火场，上下颠倒几次；

离火点5m时，撕去灭火器上铅封记，拔出保险销；

一只手紧握喷管、对准火源，另一只手的大拇指将压把按下，干粉即可喷出，并迅速摇摆喷嘴，使粉雾横扫整个火区，由近而远，将火扑灭。

(3) CO_2 灭火器

使用范围：适用于扑救液体、气体、电气设备的初期火灾，如带电的电气、贵重设备、图书资料等，但不能扑灭 A 类固体火灾。

检查方法：定期对灭火器进行称重，如泄漏的灭火剂质量大于总质量的十分之一时，应补充灭火剂。

CO_2 灭火器使用方法：首先将灭火器提到距起火地点约 5m 处，放下灭火器，一只手握住喇叭形筒根部的手柄，把喷管对准火焰，另一只手迅速旋开手轮或压下压把，气体就喷射出来了。当扑救液体火灾时，应使二氧化碳射流由近而远向火焰喷射，如果燃烧面积较大，操作者可左右摆动喷管，直至把火扑灭。当扑救容器内火灾时，操作者应手持喷管根部的手柄，从容器上部的一侧向容器内喷射，但不要使二氧化碳直接冲击到液面上，以免将可燃液体冲出容器而扩大火灾。总之，使用二氧化碳灭火器时，应设法把二氧化碳尽量多地喷射到燃烧区内，使之达到灭火浓度而使火焰熄灭。

CO_2 灭火器使用注意事项：灭火器在喷射过程中应保持直立状态，切不可平放或颠倒使用；不要用手直接握喷筒或金属管，以防冻伤；在室外使用时应选择在上风方向喷射，在室外大风条件下使用时，因为喷射的二氧化碳气体被风冲散，灭火效果很差；在狭小的室内使用时，灭火后操作者应迅速撤离，以防被二氧化碳窒息而发生意外；用二氧化碳扑救室内火灾后，打开门窗通风。

(4) 机械泡沫和合成泡沫灭火器

使用范围：泡沫灭火器用来扑灭固体、液体发生的火灾，不能扑灭带电火灾。

检查方法：发现指针指在红色区域或开启使用过，就表明已失效，应送修。

有效期：一般为 2 年。

使用方法：扑救火灾时，离火点 3~4m 时，撕去灭火器上的封记，拔出保险销，一手握紧喷嘴，对准火源，另一只手的大拇指将压把按下，泡沫即可喷出，并迅速摇摆喷嘴，使泡沫横扫整个火区，由近而远，将火扑灭。

5. 消火栓、灭火器检查与维护

(1) 日常巡视检查

城市轨道交通车站消火栓及灭火器在接管验收后需张贴封条，车站值班人员每隔两小时巡视一次消防器材，巡视时不打开消火栓箱及灭火器箱门。若发现封条破封，巡视检查人员应打开消火栓箱（灭火器箱）检查消火栓（灭火器）部件是否缺失和破损。

(2) 月度定期检查

车站每月对消火栓和灭火器进行一次全面检查，消火栓检查与维护的内容包括：消防水枪、水带、消防软管卷盘及附件齐全完好，消防软管卷盘转动灵活；消火栓和消防软管卷盘供水阀门无水渗漏现象；消火栓箱内手动报警按钮、指示灯功能正常，无故障；消防供水阀门接口状态良好，消火栓箱箱门完好无损。

车站每月检查后在《消防器材检查表》上做好记录并将问题上报跟踪处理，检查完毕后将消火栓箱、灭火器箱用封条加封。图 3-13 为车站灭火器箱的加封

图 3-13 车站灭火器箱加封方式

方式。

（3）专项检查

针对消防设施现状和某一时期的火灾特点，开展有针对性的消防设施专项治理检查。

6. 防火排烟系统

根据《建筑设计防火规范》（GB 50016—2014）的要求，对于智能建筑设计都要设有防火、防烟、排烟系统。在消防联动控制系统中，消防控制主机应集中控制所有层面的防火门、防火阀、防火卷帘、排烟机、送风、排风机及空调、通风设施。

火灾时产生的烟气主要成分是一氧化碳，人在这种气体的窒息作用下，死亡率很高，达50%~70%，另外烟气遮挡人的视线，使人们在疏散时难以辨别方向。因此，当发生火灾时，应立即投入防排烟工作，将烟气迅速排出，防止烟气窜入其他区域。防排烟设施的设置必须满足便于安全疏散、便于灭火、可控制火势蔓延扩大的设计目标。

轨道交通的防排烟措施一般是采用防火阀、防火门、防火卷帘门、送排风机等设备组成的系统。防排烟设备的作用是防止烟气侵入疏散通道，而排烟设备的作用是消除烟气大量积累并防止烟气扩散到疏散通道。因此，防烟、排烟设备及其系统的设计是车站消防设备的必要组成部分。

防排烟措施还包括正压送风机、排烟风机、送风阀及排烟阀，以及防火卷帘门、防火门等设备与消防控制主机的联动功能，并在消防主机上显示各设备的运行情况，可进行集中控制与就地控制。根据火灾情况打开有关排烟口，启动排烟风机，降下有关防火卷帘门及防烟垂壁，打开安全出口的电动门，关闭有关防火阀及防火门，停止有关防烟分区内的空调系统，同时打开送风口、关闭送风机等。

▶拓展阅读◀
城市轨道交通发生火灾案例二则

第二节　自动扶梯操作程序及故障应急处理

【学习目标】
1. 熟悉城市轨道交通车站自动扶梯的组成。
2. 掌握常用城市轨道交通车站自动扶梯的操作要点。
3. 掌握常用城市轨道交通车站扶梯钥匙管理要求。
4. 熟悉城市轨道交通车站扶梯故障及异常情况处理注意事项。

目前各城市轨道交通系统使用的电扶梯品牌和型号不尽相同，而各品牌的操作程序也有差异，以下以某地铁扶梯厂家生产的自动扶梯 1200EX-BPG 为例来说明扶梯的操作程序以供学习参考。

自动扶梯是带有循环运动梯路，向上或向下倾斜输送乘客的固定电力驱动设备，其设备组成见图 3-14，主要由张紧装置、梯级、梯级导轨、扶手、牵引链、梳板、驱动轴装置等组成。

一、自动扶梯的编号识别

自动扶梯的编号位于设备合格证上，合格证位于扶梯出入口的裙板与踏板之间。

例 1： E210/2（N）表示代号为 210 的车站站内 2 号自动扶梯。

E 代表自动扶梯，210 代表 XX 站，2 表示 2 号自动扶梯，（N）表示站内自动扶梯。

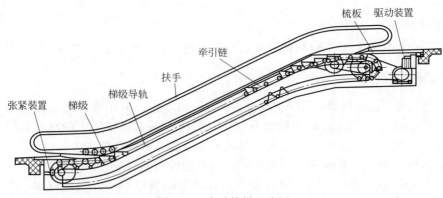

图 3-14 自动扶梯组成图

例 2：E206/3（K1）表示代号为 206 车站的 1 号出入口的 3 号自动扶梯。

E 代表自动扶梯，206 代表 XX 站，3 表示 3 号自动扶梯，（K1）表示 1 号出入口的自动扶梯。

二、安全提示

为保证乘客乘坐自动扶梯安全，避免由于不正确乘坐电扶梯及使用不当造成乘客摔伤等意外事件发生，在使用电扶梯时，应注意电扶梯旁的安全标志。一般地铁车站电扶梯的上、下端部都贴有安全提示形象贴图，在使用电扶梯过程中须严格遵守。

图 3-15 中电扶梯安全标志分别表示：禁止运载推车、禁止运货、禁止嬉闹、禁止逗留、老人儿童及行动不方便者需家人监护、禁止将身体伸出梯外、禁止踩踏等。

图 3-15 自动扶梯安全标志图

自动扶梯操作按钮控制示意图如图 3-16 所示。

检查扶梯踏板、扶手带、梳齿板和裙板，以及裙板与梯级间的间隙，清除夹在里面的杂物；确保梯级上无人乘坐；检查自动扶梯周围的安全设施（三角区的护板、防止进人的栅栏、隔板及防护网）有无破损等异状；确认紧急按钮是否处于正常状态，如果紧急按钮处于动作状态，必须将其恢复到正常状态。

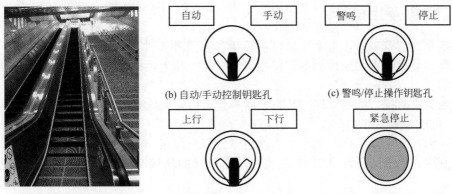

图 3-16　自动扶梯操作按钮控制示意图

三、自动扶梯的开启操作

将自动扶梯钥匙插入手动/自动的钥匙孔，如图 3-16(b) 所示，按照扶梯上面所贴标志，将扶梯拨到手动或者自动状态；把钥匙打到蜂鸣/停止孔的警鸣侧，如图 3-16(c) 所示，蜂鸣器鸣响 3~5s，提醒周围的人扶梯将要启动；根据扶梯需要开启的运转方向将钥匙拨向上行/下行的钥匙孔，如图 3-16(d) 所示，打向上行或者下行；扶梯开启后，正常运行 3~5min 方可离开；扶梯开启运行后有异声或者异响，按下红色急停按钮开关，如图 3-16(e) 所示，停止扶梯的运行。

四、开梯操作注意事项

在开启扶梯的过程中，动作要连贯、迅速，相对的间隔时间不要超过 3s。

如果开梯的三个动作过程不连贯，相对时间间隔太长，扶梯则开启不了，需重新进行开梯的操作。每次开梯动作完成后，将钥匙旋至零位拔出。扶梯开启运行后，一定要把钥匙拔出带走。

五、自动扶梯的关闭操作

确认有无异常声响或振动，如有问题则停止自动扶梯运行。
停止运行之前，不允许乘客进入自动扶梯的梯口。
将钥匙插入蜂鸣/停止孔，并打至警鸣侧，鸣响警笛。
确认自动扶梯附近或扶梯梯级上无人后，再将钥匙打至停止侧，自动扶梯则停止运行。
一天正常运行结束后须认真检查并清扫扶梯踏板、扶手带、梳齿、裙板。
正常停止扶梯运行后，应采取安全防护措施，设置停止使用牌，防止乘客将其当作楼梯使用。

六、改变自动扶梯运行方向操作

需要改变自动扶梯运行方向时，必须先将扶梯操作停止，然后再按照开启扶梯的程序打开扶梯。

七、紧急停止操作

在地铁车站运营期间，自动扶梯可能发生许多意外事件，如超速运行或突然反向运行，乘客的手指、物品被夹住或摔倒等。发生意外时，工作人员需紧急停止自动扶梯的运行，以防意外影响扩大。

当出现异常状况，需要立即停止自动扶梯运行时，应大声通知乘客"紧急停止，请抓住扶手"后再进行操作。

现场用力按动自动扶梯上方或下方红色紧急停止按钮。

车控室内在综合后备盘（IBP）上将对应电扶梯的玻璃罩打开，按压对应电扶梯的紧急停止按钮。

自动扶梯属于特种设备，必须经过当地质监局的验收（或者年检），张贴有效的（年检）合格证后方可投入使用。

自动扶梯的操作人员须经过相关培训，考试合格后，方可进行开关梯的操作，且操作时必须严格按规程执行。没有经过专业培训的人员，不得对自动扶梯进行操作，避免由于不正确的操作，造成人身伤害或者设备损坏。

八、钥匙管理要求

将钥匙在车站控制室钥匙柜内严格保管，不得随意借出。

钥匙借用、归还做好记录。

可借用钥匙的人员范围：电扶梯专业人员、电扶梯厂家的安装或者维保人员、经过培训考试合格的站务人员。

电梯控制箱钥匙及电梯三角钥匙只有电扶梯专业人员及相应维保人员可借用。

九、故障及异常情况处理注意事项

1. 扶梯发生故障时，车站人员处理要求

启动程序停止扶梯的运行，使用隔离栏杆做好现场防护，禁止乘客使用。

记录好故障现象，确认扶梯的位置（站内或出入口）及编号（几号扶梯）。

将故障上报维调，如果故障代码显示器显示正常，同时将扶梯故障代码上报给维调。

电扶梯专业人员到达现场后，积极配合电扶梯人员的维修工作。

经专业人员确认电扶梯可以使用后开启，撤除防护。

2. 扶梯发生客伤时，车站人员处理要求

首先要尽快停止扶梯的运行（按下急停按钮），抢救伤员，安抚乘客。

如果伤员受伤比较严重，同时拨打120急救电话，将现场进行隔离，疏散围观乘客。

做好现场保护和取证工作，协助专业人员调查故障和客伤原因。

以近年来国内地铁扶梯事故为例，2019年7月5日9时36分，某地铁4号线动物园站A口上行电扶梯突发故障，扶梯在上行过程中突然停止并快速逆向下行，导致1名乘客死亡，30名乘客受伤，其中2人伤势较重。据调查，事故的直接原因是固定零件损坏，扶梯驱动主机发生位移，造成驱动链条脱落，扶梯下滑。2018年3月4日某地铁东单站5号线换乘1号线的南侧通道内，水平电动扶梯突然传出异响，乘客们惊慌失措，发生踩踏事故，至少造成11人受伤。2018年12月14日某地铁1号线国贸站一台上行自动扶梯突然发生逆

行,导致 25 名乘客受伤。事故原因为扶梯驱动主机的固定支座螺栓松脱,1 根螺栓断裂,致使主机支座移位,造成驱动链条脱离链轮,上行扶梯下滑。

3. 自然灾害发生时,车站人员处理要求

自动扶梯机房进水或出入口自动扶梯因暴雨而被严重淋湿时,应停用自动扶梯并切断电源。

车站发生火灾时应立即拨打火警电话,并根据情况马上疏散乘客,视情况停止自动扶梯运行(如扶梯上有乘客,并且火灾未蔓延至电扶梯附近时,暂时不关闭电扶梯,确认扶梯上无人时立即关闭电扶梯),切断自动扶梯总电源。原则上应当就地按下急停开关,停止扶梯的运行。紧急情况下,确保扶梯上面无人乘坐时,按下车控室 IBP 上的紧急停止按钮,停止扶梯的运行。发生地震时,应立即疏导乘客离开自动扶梯,然后使自动扶梯停止运行并切断电源。

各种灾害(火灾、地震、暴雨等)警报解除后,应由专业维修人员对自动扶梯进行全面检修,确认没有问题后方可使用。

因电扶梯客伤发生率较高,各个地铁对电扶梯制定了多项防范措施和应急预案,下面以西安地铁为例,简要介绍电扶梯发生客伤后车站各岗位应急处理程序,见表 3-2。

表 3-2 电扶梯发生客伤后车站各岗位应急处理程序表

岗位	应急处理程序
值班站长	(1) 接到电扶梯客伤的信息后,立即带上急救药箱、录音笔赶往现场进行救助和取证; (2) 指挥车站相关岗位进行受伤乘客的救助,疏散围观乘客,寻找两名以上目击证人; (3) 将乘客伤势报告车控室,根据情况要求报 120; (4) 派人到出入口外接应 120; (5) 根据乘客伤势情况,征得乘客同意后将乘客扶至(用担架抬至)休息室或其他地方(如果乘客受伤不能动,用屏风将现场暂时围蔽起来); (6) 120 到达现场后,将受伤乘客交至 120 处理; (7) 保险公司、技术安全部人员到达后,配合了解事件经过; (8) 请目击证人描述事情经过,并做好记录归档,妥善保存好资料
行车值班员	(1) 获得电扶梯客伤的信息后,立即通知值班站长、站长; (2) 与现场值班站长做好联控,根据乘客伤势情况,上报 120、客运部客伤专职负责人、技术安全部、保险公司、地铁公安、财务部; (3) 播放广播,疏散围观乘客; (4) 通过 CCTV 监控现场情况,做好信息的上传下达工作; (5) 配合电扶梯客伤的后期处理
客运值班员	(1) 锁闭票务管理室门,携带客伤备品赶至现场处理; (2) 让扶梯上的乘客站稳扶好后按压紧停,对现场进行防护,并摆放暂停服务牌,疏散围观乘客; (3) 挽留目击证人,协助值班站长处理电扶梯受伤乘客; (4) 协助调查取证,保存好客伤资料
站务员	(1) 发现或接到通知电扶梯有乘客受伤时,立即前往协助处理; (2) 让扶梯上的乘客站稳扶好后按压紧停,对现场进行防护,并摆放暂停服务牌,疏散围观乘客; (3) 协助值班站长处理电扶梯受伤乘客; (4) 协助调查取证

第三节 屏蔽门操作程序及故障应急处理

【学习目标】

1. 熟悉城市轨道交通屏蔽门设备特点、概况。
2. 掌握城市轨道交通屏蔽门设备操作要点。
3. 掌握城市轨道交通屏蔽门故障应急处理原则、程序。

城市轨道交通系统使用的站台安全防护设施有全封闭屏蔽门、半封闭门和安全护栏等，而各个地铁采用的屏蔽门规格品牌也有所不同，以下仅介绍一种全封闭屏蔽门操作程序及故障应急处理。

一、屏蔽门设备简介

站台屏蔽门（简称PSD）系统安装在站台的边缘，为轨道区和站台公共区域之间提供了一道既安全又可靠的屏障。屏蔽门的主要功能是将站台乘客候车区与轨行区进行隔离，保证乘客候车安全，另外还能起到节能的作用。屏蔽门各组成部分如图3-17所示。

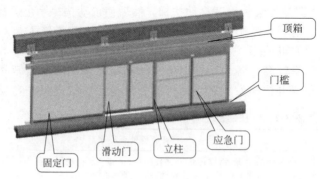

图3-17　屏蔽门各组成部分示意图

屏蔽门由滑动门、端门、应急门、固定门四大门体组成，各门体介绍如下。

滑动门（简称ASD）：每个门单元有两扇滑动门，每扇滑动门由门玻璃、门框、门吊挂连接板、门导靴、门缘橡胶密封条和手动解锁装置等组成。

端门（简称PED）：端门是列车在区间隧道发生火灾或故障时，列车停在隧道内，乘客从列车端门下到隧道后疏散到站台的通道，也是车站人员进出隧道、进行维修的通道。端门由端门门玻璃、门框、闭门器、手动解锁装置和门锁等构成。

应急门（简称EED）：列车进站停车后，列车门无法对准滑动门时的乘客疏散通道，乘客通过推开应急门的推杆从内侧打开应急门。

固定门（简称FIX）：车站与区间隧道隔离和密封的屏障之一。固定门设置在滑动门与滑动门之间，滑动门与端门之间。

二、屏蔽门设备操作

屏蔽门具有三级控制方式：就地级控制、站台级控制和系统级控制。三种控制方法中以就地级操作优先级最高，系统级最低。作为车站工作人员，应熟练掌握站台级控制和就地级控制。

1. 屏蔽门就地级控制操作

当系统级控制和站台级控制均出现故障时，必须由站台工作人员用钥匙就地打开滑动门或乘客使用手动解锁把手自行开启屏蔽门，具体可以分为以下几种情况：

滑动门手动操作是当系统级控制和站台级控制均不能操作屏蔽门，或个别屏蔽门操作机构发生故障时，或对单个门单元检修、维修、测试时需要进行的操作。图3-18所示为滑动门就地级模式钥匙开关。在站台侧由站台工作人员用钥匙单个打开滑动门；在轨道侧，由列车司机先打开车门，然后用广播通知乘客使用滑动门上的手动解锁把手（或按钮），再由乘客自行开启轨道侧滑动门的手动解锁把手打开屏蔽门。

当列车无法在规定范围内停车，且偏移量较大，导致乘客无法从滑动门进出时，需对应急门进行手动操作。在站台侧由站台工作人员用钥匙打开应急门，或在轨道侧，由列车司机通过广播通知乘客压推杆锁打开应急门。

当隧道内发生火灾、列车出轨等情况，需要区间疏散乘客时，可由乘客压推杆锁或由站台工作人员在站台侧用钥匙手动打开端门，将乘客通过端门疏散到站台。另外，施工检修人员需要进入轨行区作业时，由车站工作人员从站台侧用钥匙手动打开端门将施工人员送入正确区域。

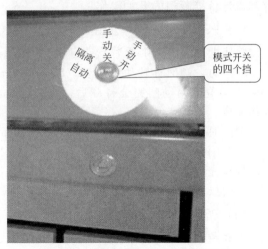

图 3-18 滑动门就地级模式钥匙开关

滑动门就地级开关操作步骤：

① 将钥匙插入门体模式开关钥匙孔；
② 将钥匙拧到手动开门位，确认门体完全打开；
③ 将钥匙拧到手动关门位，确认门体完全关闭；
④ 将钥匙拧到自动位，拔出钥匙。

当单个屏蔽门故障，影响列车发车时，需要对单个滑动门进行旁路操作（旁路操作可选择手动开/手动关），将故障滑动门从整侧滑动门中旁路隔离，确保列车以正常信号出站。

2. 屏蔽门站台级控制操作

屏蔽门的站台级控制即执行屏蔽门站台 PSL 控制盘发出的命令控制模式。PSL 控制盘一般设在站台端墙门内，如图 3-19 所示为屏蔽门站台头端门内设置的 PSL 控制盘。

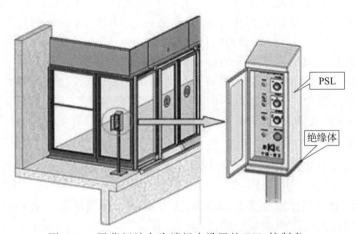

图 3-19 屏蔽门站台头端门内设置的 PSL 控制盘

当出现屏蔽门与信号系统通信故障等问题，屏蔽门主控制器 PEDC 无法接收信号系统指令进行自动开、关门操作时，就需要由站台工作人员或司机通过操作站台端墙门内 PSL

控制盘进行屏蔽门的开关操作。

(1) PSL 开关门操作步骤

将钥匙插入"PSL 操作允许开关",钥匙开关初始位置为"OFF"位("禁止"位)。

开门时,顺时针转动钥匙至"PSL Operation Enable",滑动门打开,PSL 盘上"Door Open"灯亮。滑动门完全打开后,PSL 盘上"Door Open"灯灭,屏蔽门头灯常亮,开门操作完成。

关门时,逆时针转动钥匙至"Door Close"并停留,滑动门开始关闭,"Door Close"灯亮,屏蔽门头灯闪亮。滑动门完全关好后,"Door Close"灯灭,"ASD/EED"指示灯亮,关门操作完成。

关门操作完成后,将 PSL 钥匙旋转至"OFF"位("禁止"位)。

(2) PSL 互锁解除操作

前提条件:信号系统发生故障,不能确认屏蔽门关闭锁紧或不能控制开关门,导致屏蔽门站台车无法进站或出站,需采用互锁解除操作。

PSL 互锁解除操作步骤:将屏蔽门 PSL 钥匙插入 PSL 盘上的"ASD/EED 互锁解除开关";将钥匙拧到互锁解除位并保持,确认列车进站停稳;列车无法离站,确认需采用互锁解除操作,将 PSL 钥匙拧到互锁解除位并保持,确认列车离站,松开钥匙,确认钥匙回到"OFF"位("禁止"位)。

在操作互锁解除发车时,需将互锁解除操作至列车尾部清出设备区后方可松开,不得提早松开,否则影响列车正常出站,导致列车产生紧急制动。

(3) 屏蔽门系统级操作

在信号正常及屏蔽门正常时,屏蔽门处于系统级控制状态。根据车辆驾驶模式及信号系统的不同,屏蔽门系统级主要有两种控制方式。

第一种控制方式:当地铁车辆采用人工驾驶模式或自动驾驶模式但仍由驾驶员完成开关门操作时,地铁车辆到站停车在允许的误差范围内,信号系统接收到地铁车辆到站停车信息,向屏蔽门主控制器(PEDC)发出开门指令,PEDC 将开门指令传输给门控单元(DCU),屏蔽门进行解锁开门操作。车门还是由驾驶员发出开门指令进行开启控制。当地铁车辆准备发车时,驾驶员发出关门指令,车门首先关闭,同时该指令由车辆信号系统通过信号设备传递给车站信号系统,再由车站信号系统(SIG)通过屏蔽门主控制器(PEDC)传递给门控单元(DCU),进行关屏蔽门的操作。

第二种控制方式:当地铁车辆采用完全自动驾驶模式,即由 ATO 自动完成开关门操作时,将由信号系统自动检测地铁车辆到站停车信息,然后分别给地铁车辆门控系统和屏蔽门单元控制器发出开门指令,自动完成车门和屏蔽门的开门操作。当地铁车辆停站时间到时,信号系统(SIG)发出允许关门的指令,地铁车辆门和屏蔽门自动关闭。

(4) 屏蔽门应急操作

前提条件:站台 PSL 控制盘操作整侧屏蔽门无效,站台发生火灾或紧急疏散时需使用车控室综合后备盘(IBP)进行应急开门操作。

操作步骤:在 IBP 操作盘面上,将钥匙插入相应站台侧屏蔽门开门控制钥匙孔,并拧到开门位置,与站台人员联控确认全部滑动门打开。

屏蔽门关闭:关闭屏蔽门时,需将钥匙所在开门位置拧回"禁止",站台人员在站台级 PSL 就地控制盘面上使用 PSL 钥匙拧到"关门",并确认现场相应一侧屏蔽门已关闭锁紧。图 3-20 所示为车控室综合后备盘(IBP)开启整侧屏蔽门。

图 3-20　屏蔽门车控室综合后备盘

屏蔽门操作注意事项：

① 屏蔽门就地开关使用的三角钥匙需要与门体三角锁芯对应后方可扭转。

② 屏蔽门就地模式开关使用时，四个挡位匀速转动，在开（关）门时等开（关）门状态完成后才能将开（关）挡打到下个挡位；列车进出站及隧道风机开启时不允许进出端门。

③ 任何工作人员使用端门后，必须确认关闭并锁紧，严禁打开后无人监护，严禁使用异物阻挡端门关闭；使用三角钥匙开启端门、应急门时，钥匙的转动方向应向门轴方向转动。

三、屏蔽门故障应急处理

1. 屏蔽门常见故障

① 单对屏蔽门无法正常打开或关闭；
② 多对屏蔽门无法正常打开或关闭；
③ 整侧屏蔽门无法正常打开或关闭；
④ 屏蔽门玻璃破裂/破碎。

2. 屏蔽门故障处理原则

① 发生屏蔽门故障时，要按照"先通车后恢复"的原则进行处理，在保证安全的前提下，确保电客车正点运行。

② 确保站台乘客人身安全和便于乘客上、下车。

③ 当运营中屏蔽门发生故障时，司机、车站要及时做好广播、现场防护安全措施，引导乘客上下车。

④ 故障屏蔽门修复后，需对相应侧的屏蔽门进行一次开关门试验。

3. 屏蔽门故障应急处理程序

以下分别对常见屏蔽门故障的应急处理操作方法进行介绍。

(1) 单对屏蔽门不能正常关闭的车站操作处理程序

车站行车值班员报告行调、维调，站台站务员用钥匙现场对故障屏蔽门进行旁路操作。

若不能对单对屏蔽门进行旁路操作,现场进行防护,立即派人去端墙门处打"互锁解除"发车。

待乘客上下车完毕安全后,向司机打"好了"信号。

播放站台屏蔽门故障广播,让乘客远离故障屏蔽门。

列车离开车站后,在已关闭的故障屏蔽门上张贴"此门故障、暂停使用"告示,加强现场防护。

维修人员到达现场后向行调请点,经行调同意后通知维修人员维修,做好现场防护,下趟列车到达前1min,通知维修人员停止维修。

故障屏蔽门恢复正常后,撤除故障告示,向行调、维调报告。

(2) 单对屏蔽门不能正常打开的车站操作处理程序

行车值班员报告行调、维调,站台站务员用钥匙现场对故障屏蔽门进行旁路操作。

播放站台屏蔽门故障引导广播,站台工作人员引导乘客从开启的屏蔽门上下车。

若不能对故障屏蔽门进行旁路操作影响发车,立即派人去端墙门处打"互锁解除"发车。

待乘客上下车完毕安全后,向司机显示"好了"信号。

列车离开车站后,在已关闭的故障屏蔽门上张贴"此门故障、暂停使用"告示,加强现场防护。

维修人员到达现场后向行调请点,经行调同意后通知维修人员维修,做好现场防护。下趟列车到达前1min,通知维修人员停止维修。

故障屏蔽门恢复正常后,撤除故障告示,向行调、维调报告。

(3) 多对屏蔽门不能正常关闭的车站操作处理程序

车站行车值班员报告行调、维调。若未关闭的故障门较少,根据站台工作人员多少情况,可对所有故障屏蔽门进行就地旁路操作。若未关闭的故障门较多,站台工作人员较少时,派人去打"互锁解除"。

确认站台安全后,向司机显示"好了"信号。

播放站台屏蔽门故障广播,让乘客远离故障屏蔽门。

在列车发出后,将开启的故障屏蔽门用钥匙就地级关闭,根据站台工作人员情况及客流情况,可在部分故障屏蔽门旁安排人员手动开关,并将其他故障屏蔽门进行旁路操作,并张贴"此门故障、暂停使用"的告示,列车到站时必须确保每节车厢至少有一对屏蔽门打开;

维修人员到达现场后向行调请点,经行调同意后通知维修人员维修,做好现场防护。下趟列车到达前1min,通知维修人员停止维修。

故障屏蔽门恢复正常后,撤除故障告示,向行调、维调报告。

(4) 多对屏蔽门不能正常打开的车站操作处理程序

车站行车值班员报告行调、维调。

值班站长立即组织人员赶往站台协助支援。

车站人员利用屏蔽门钥匙人工就地操作开启屏蔽门,根据列车上及站台客流大小,确保每节车厢对应的屏蔽门至少有一对滑动门开启。

播放站台屏蔽门故障引导广播,站台工作人员引导乘客从开启的屏蔽门上下车。

根据故障屏蔽门数量及站台工作人员多少情况,可对所有故障屏蔽门进行就地旁路操作,若故障门较多,站台工作人员较少时,立即派人去打"互锁解除"发车。

确认站台安全后,向司机显示"好了"信号。

在列车发出后,根据站台工作人员情况及客流情况,可在部分故障屏蔽门旁安排人员手动开关并将其他故障屏蔽门打至旁路，张贴"此门故障、暂停使用"的告示。列车到站时必须确保每节车厢至少有一对滑动门打开。

维修人员到达现场后向行调请点，经行调同意后通知维修人员维修，做好现场防护。下趟列车到达前1min，通知维修人员停止维修。

故障屏蔽门恢复正常后，撤除故障告示，向行调、维调报告。

（5）某侧站台所有屏蔽门不能关闭的车站操作处理程序

车站行车值班员报告行调、维调，立即派人在端墙门PSL盘上打"互锁解除"发车，确认站台安全后，向司机显示"好了"信号，列车发出。

播放站台屏蔽门故障广播，让乘客远离故障屏蔽门，现场工作人员做好宣传引导及防护；值班站长立即组织人员赶往站台协助支援。

列车离站后，站务人员在PSL上再次尝试关门操作；车站根据站台工作人员数量及客流大小，可在部分屏蔽门旁安排人员手动开/关，并将其他屏蔽门用钥匙进行旁路操作，张贴"此门故障、暂停使用"的告示。列车到站时必须确保每节车厢至少有一对滑动门打开。

维修人员到达现场后向行调请点，经行调同意后通知维修人员维修，做好现场防护。下趟列车到达前1min，通知维修人员停止维修。

故障屏蔽门恢复正常后，撤除故障告示，向行调、维调报告。

（6）某侧站台所有屏蔽门不能打开的车站操作处理程序

车站行车值班员报告行调、维调，经行调同意后，在车控室IBP上操作尝试打开屏蔽门。

若IBP不能开启屏蔽门，值班站长组织人员采用屏蔽门钥匙人工开启屏蔽门，根据列车及站台客流大小，确保每节车厢对应的屏蔽门至少有一对滑动门开启；播放站台屏蔽门故障引导广播，站台工作人员引导乘客从开启的屏蔽门上下车；车控室在IBP上将屏蔽门开关钥匙从"开门位"打至"禁止位"，并与司机及站台做好联控。

若司机不能正常关闭屏蔽门，站务人员打"互锁解除"发车；确认站台安全后，向司机显示"好了"信号。

待列车发出后，车站视客流情况可将已打开的滑动门就地级关闭，确保站台安全。若客流较小时，可不关闭打开的滑动门，现场派人防护确保安全。车站对关闭的故障屏蔽门张贴故障贴纸。列车到站时必须确保每节车厢至少有一对滑动门可以打开。

维修人员到达现场后向行调请点，经行调同意后通知维修人员维修，做好现场防护。下趟列车到达前1min，通知维修人员停止维修。

故障屏蔽门恢复正常后，撤除故障告示，向行调、维调报告。

（7）屏蔽门玻璃破裂/破碎掉落的故障处理

车站行车值班员立即上报行调、维调；派人至现场做好防护，防止乘客划伤或掉落轨行区。

若滑动门玻璃破裂，车站应将该门打至旁路并将相邻的滑动门打开降低隧道风压，防止隧道风压对破裂的滑动门造成影响；若固定门玻璃破裂，将相邻的滑动门打开泄隧道风压，防止隧道风压对破裂的滑动门造成影响；若端墙门玻璃破裂，车站应将端墙门打开，安排专人防护；若屏蔽门玻璃破裂未掉落下来，用封箱胶纸将整张玻璃张贴，防止突然爆裂；若门玻璃已破碎，应马上进行清理同时防止玻璃碎片掉入轨行区。

乘客上下车做好现场人工引导。

列车准备出站时站务人员应确认站台安全后显示"好了"信号指示司机动车。维修人员到达现场后向行调请点，经行调同意后通知维修人员维修，做好现场防护下趟列车到达前

1min，通知维修人员停止维修。

故障屏蔽门恢复正常后，撤除故障告示，向行调、维调报告。

【本章实践】

某地铁 2 号线行政中心站整侧屏蔽门故障的车站应急处理操作。

资料背景：某 2 号线行政中心站上行 11002 次列车到站后，司机在 PSL 盘上无法打开整侧屏蔽门，为了使乘客正常上下车，请各组学生操作如何打开屏蔽门使乘客上下车，并完成表 3-3。

表 3-3　整侧屏蔽门故障应急处理流程

步骤	项目	具体操作内容
1	IBP 尝试应急开门	
2	现场开门上下客	
3	恢复 IBP 盘禁止位	
4	互锁解除发车	
5	现场防护确保安全	

上述任务完成后，进行小组自评和互评，最后教师讲评，取长补短，开拓完善知识技能。

第四章　城市轨道交通客流预测与分析

轨道交通系统的客流不仅是规划城市轨道交通网络、安排工程项目建设顺序、设计车站规模和选择车站设备容量的依据，也是轨道交通系统合理安排运力、编制运输计划、组织行车和分析运营效果的基础。因此，客运组织要抓住客流变化的特征，通过调查分析，将得出的结果运用到工作中，不断地改进、完善工作，使得交通运输更贴近实际情况，取得较佳的效果，同时也能减少交通资源的浪费。

【学习目标】
1. 理解城市轨道交通需求的基本特征。
2. 理解城市轨道交通发展的制约因素。

第一节　城市轨道交通需求

▶教学微视频◀
认识轨道
交通客流

城市轨道交通的客流是指在单位时间内，线路上乘客流动人数和流动方向的总和。客流既表明了乘客在空间上的位移及数量，又强调了这种位移带有方向性并具有起讫位置。客流可以是预测客流，也可以是实际客流。

可以认为，城市交通线路上的客流是被实现了的城市交通需求。影响城市交通需求的因素很多，有经济因素，也有非经济因素，概括起来主要有城市经济发展水平、城市各功能区域的布局、人口密度、流动人口数量、国民收入、城市交通网的布局、客运服务的价格与质量、替代服务的价格与质量、政府的交通运输政策、私人交通工具的拥有量等。

一、城市轨道交通需求的基本特征

从城市轨道交通的需求来看，它具有以下基本特征。

1. 普遍存在性

无论是宏观区域，还是微观区域，需求与供给、生产与消费的普遍存在，以及在空间上处于不同地点等因素，决定了必须把解决距离阻隔作为一项普遍的、经常性的工作。所不同的是，这种空间距离的联系，仅仅在空间范围和联系强度等方面有所区别，其共同的内容包含人们居住与生活的出行、上下班与旅游观光产生的客流。

2. 复杂多样性

城市轨道交通的运输距离通常不太长,但两点间的联系通道呈复杂多样性。客流的构成、乘客的出行目的不同,决定了客流运输方向、范围以及强度等在时间段分布上的不同,并要求客运组织与之适应。

3. 时空集散性

客运的时间变化通常有一定规律可循,这是由城市居民和流动人口在购物、观光、通勤等方面的规律性带来的。例如,07:00—08:00,17:00—18:00 为交通高峰时期,中午前后有一两段低谷时期。

4. 政策决定性

轨道交通受城市人口政策和城市机动车政策等因素的影响。

城市交通的运输方式,除了轨道交通一类的地下铁道、轻轨铁路、独轨铁路和地面有轨电车等外,公共汽车、出租汽车、专线车、区间车以及助动车、自行车等也受城市交通政策的影响。在市场竞争机制下,其发展呈不均衡态势。在国内外的大城市,这种态势表现结果的差异达到了令人惊讶的程度,各类占主导地位的城市交通工具发展的巨大差异是显而易见的。

二、城市轨道交通发展的制约因素

一般来说,城市轨道交通的发展受下列因素制约。

1. 运输方式的规模与能力

通常的经济发展规律是交通先行。一定程度的交通网络,对城市交通的发展会起到促进作用。相反,设施规模小,与运量不成比例,则阻碍交通发展。

2. 运行速度

运行速度的高低与运价、乘坐舒适度密切相关。在城市轨道交通领域,地铁有一定的优势,这是由其大运量、低成本和较高的运营速度所决定的。

3. 城市轨道交通的客流量

以断面客流量(人)表示时,城市轨道交通的客流量是指单位时间内沿同一方向通过运营线路某一断面的乘客数。单位时间一般指 1 小时或 24 小时,而通过某一点的客流量就是通过该断面所在区间的客流量。

断面客流量 P 的计算方法见下式:

$$p_{i+1}=p_i-p_x+p_s$$

式中,p_{i+1} 为断面客流量(人);p_i 为第 i 个断面客流量(人);p_x 为在车站下车人数(人);p_s 为在车站上车人数(人)。

断面客流量又可分为上行和下行断面客流量。在单位时间内,通过各个断面的客流量是不相等的。其中,单向断面客流量大的断面称为最大客流断面,最大客流断面的客流量称为最大断面客流量。上下行的最大客流断面一般不在同一断面上。

在以小时为单位计算断面客流量的情况下,分时断面客流量最大的小时是高峰小时,与高峰小时相对应的是低谷小时。城市轨道交通的高峰小时有早高峰与晚高峰之分。就行车组织的内容而言,高峰小时的最大断面客流量是一项重要的基础资料。

在城市轨道交通运输方式中,通常还以车站的乘降或换乘人数衡量或考核客运量的大小，客运量的统计以年、日或小时为单位。

第二节　客流预测

【学习目标】
1. 理解城市轨道交通客流预测的阶段划分与预测资料、工具要求。
2. 理解城市轨道交通"四阶段"客流预测模式。
3. 理解城市轨道交通趋势外推客流预测模式。
4. 理解城市轨道交通车站吸引区域客流预测模式。
5. 掌握客流预测的主要内容及预测程序。
6. 掌握不同阶段客流预测工作的要点。

预测是一门科学，是在掌握现有信息的基础上，依照一定的方法与规律，对目前还不明确的事物进行测算，以预先了解事情发展的结果，并推测事物未来的发展趋势，从而协助管理者掌握情况，选择对策。

▶教学微视频◀
客流预测作用与原理

一、客流预测概述

预测客流，是以现行运输统计制度提供的部分基础资料为依据，辅以对城市、港口、车站等处的调查，然后在此基础上进行预测。影响客流的相关因素主要有：国民经济发展速度与发展规模，国民经济结构中第一、第二、第三产业比重的变化，交通运输结构的变化，人口的增长速度与生活水平的提高程度。

客流预测可分为区域预测、运输方式运量预测、平均运程预测、到发运量预测等。不同的预测类型决定了预测结果的不同。

根据预测时间的长短，客流预测可分为短期（1～5年）、中期（6～10年）和长期（10年以上）预测。

需求预测是确定城市轨道交通系统建设规模的重要依据。与一般的城市交通需求预测工作相比，城市轨道交通系统需求预测具有明显的通道交通的特点，交通需求的端点效应比较明显，需要考虑的延伸研究更多，问题也更加复杂。

根据城市轨道交通系统规划与设计的不同阶段，需要开展3次需求分析与预测工作，各阶段的重点有所不同。

城市轨道交通网络规划阶段：主要进行全网客流估算，重点分析线网总体规模和各线路的需求规模量级。

线路建设项目可行性研究阶段：根据线路具体情况，研究提出线路各运营期限的客流预测结果，重点要确定与相关工程建设规模有关的预测结果。

线路建设项目总体设计阶段：研究各站点客流详细规划，重点分析车站内部功能布局和整体规模，包括客流组织规划。

城市轨道交通系统规划中，需求分析预测应结合以下资料与工具：现行城市总体规划及与其相适应的城市综合交通规划，正在实施的城市轨道交通线网规划（全网客流估算除外），必要的城市交通信息数据库和成熟的交通规划软件。

二、客流预测模式

城市轨道交通系统的规划、建设及运营，不但要以现状客流作为主要依据，还要以近、远期预测客流作为依据。同时，城市轨道交通系统是整个城市交通系统的重要组成部分，因此轨道交通系统的客流预测也不能脱离整个城市交通系统的客流预测。

当前，城市交通客流预测一般有以下几种模式：①采用城市交通规划中的"四阶段"预测模式，分析和预测城市道路网和轨道交通系统的客流量；②运用趋势外推的方法预测未来新建轨道交通线路的客流量；③以车站确定的吸引区域来计算各站点、断面、线路的客流量。

▶教学微视频◀
直线趋势法
预测客流

1. "四阶段"客流预测模式

"四阶段"是指交通的产生与分布、交通方式的分配和交通在相关网络中的分配。交通的产生是确定各发点的总发送客流和各到点的总到达客流；交通的分布是确定各到发点间的客流；交通方式的分配是确定轨道交通网络分摊的客流；交通在相关网络中的分配是确定轨道交通系统各线路的客流。这是一种在现状交通起止点调查（又称 OD 调查或 OD 交通量调查，O 源于英文 Origin，指出行的出发地点，D 源于英文 Destination，指出行的目的地），在未来城市发展规划、土地利用的基础上，定量预测城市远期客流的预测模式，能较好地反映城市客流与城市发展的关系。但当城市未能按发展规划实现轨道交通建设规模时，预测的客流分布与将来实际客流分布就会存在较大差异。

2. 趋势外推客流预测模式

趋势外推是指根据道路交通量和公共汽车线路的现状客流量资料，按时间序列采用数学方法，利用有关参数求出轨道交通线路的客流。这是一种基于现状的预测方法，能较好地反映近期交通量的增长情况，但在预见轨道交通系统建成后的城市交通分布变化上，趋势外推客流预测的结果可靠性稍差。

3. 车站吸引区域客流预测模式

车站吸引区域是以车站为圆心、以一定的到达车站时间或到达车站距离为半径的圆来确定的。到达车站的方式可以分为步行、骑自行车和乘公共汽车 3 种。因此，车站吸引区域客流预测模式又称为三次吸引客流预测模式。该种客流预测模式认为，在合理确定车站吸引区域的前提下，能借助有关公式计算出通过 3 种方式到站乘车的人数。这种客流预测模式不以线路为单位，而以车站吸引区域范围半径及吸引区域内土地利用的性质对客流的影响来预测客流。

轨道交通系统的客流预测结果应包括：站间到发客流量、各站方向分别上下车人数、全日和高峰小时的客流量、总客运量、各站乘降量、全日客流的时段和断面分布以及总客运量占全市公共总运量比重等。

三、客流预测方法

客流预测的方法有许多种，但归纳起来无非是定量预测方法和定性预测方法两大类。定量预测方法又有时间序列客流预测方法和因果关系客流预测方法两类。定性预测方法中使用较多的有德尔菲（Delphi）法等。

1. 时间序列客流预测方法

该类客流预测方法的基本思路是根据客流从过去到现在的变化规律来预测未来的客流。这类方法的主要优点是需要数据少、运用简便，只要一定统计期的客流数据没有大的异常波动，预测结果一般较好。这类方法的主要缺点是无法反映客流变动的原因，因而不能指明客流因素变动时客流的变化趋势与结果。常用的时间序列客流预测方法有移动平均法、指数平滑法、季节指数法、自回归分析法和随机时间序列预测模型法等。

(1) 移动平均法

移动平均法是指借助移动平均数修匀原始客流时间数列的变动来描述其趋势的方法。所谓移动平均，就是按原始客流时间数列的一定项数计算移动平均数，逐项移动，边移动边平均，得出一组移动平均数，由这组移动平均数构成新的客流时间数列。新的客流时间数列可以把原始客流时间数列中的某些不规则变动特别是周期性变动修匀，从而显示出客流长期变化的基本趋势。用移动平均法修匀原始客流时间数列比较客观，也比较容易得到客流变化的趋势。但移动平均法对原始客流时间数列两端的值无法进行修匀计算，因此每一次移动平均都会使数列变短，使进一步观察受到影响。另外，当原始客流时间数列的最后几项变动较大时，预测客流的可靠性也会受到一定影响。

(2) 指数平滑法

指数平滑法也称为时间数列的指数平滑法，也是通过修匀历史数据中的随机成分而去预测未来的，但它所使用的修匀方法与移动平均法不同，它引入一个人为确定的系数以体现不同时期因素在整个预测期中所占的权数。指数平滑法对实际客流时间数列的长度没有特别要求，资料较少时也能进行预测，但一般仅适用于原始客流时间数列变化较稳定的情况，另外只要正确选择加权指数，也能对远、近期数据的不同影响做出合理的反映。这种方法的局限性是不能考虑其他因素对客流变化的影响。

(3) 季节指数法

季节指数法是以含有季节性周期变动的时间序列为特征，计算地铁客流变动的方法。该方法根据时间序列中的各年份地铁客流数据资料所呈现的季节性变动规律性，对地铁客流量的未来状况作出预测。

(4) 自回归分析法

自回归分析法也称鲍克斯-詹金斯（Box-Jenkins）法，它是指通过分析原始客流时间数列的不同自相关系数来选择适当的预测模型。当原始客流时间数列内的数值在某一固定间隔期具有较高的相关系数时，就可应用自回归模型来进行客流预测。自回归分析法在客流的短期预测方面具有一定的精度，因而得到较广泛的应用。但该方法需要较多的历史数据和较深的数学知识，计算量较大，计算较复杂。

(5) 随机时间序列预测模型法

随机时间序列预测模型是把时间序列作为随机变量的序列加以处理，认为时间序列是时间的一组变量。其中，单个时间序列值的出现具有不确定性，但整个时间序列具有固有的规律。研究这些规律，进行简化，建立时间序列模型，可用于预测。对于平稳时间序列，主要有3种预测模型，即自回归移动平均模型（Auto Regressive and Moving Average Model，ARMA 模型）、自回归模型（Auto Regression Model，AR 模型）、移动平均模型（Moving Average Model，MA 模型）。对于非平稳时间序列，需用差分法进行处理使其平稳化。该方法的特点与自回归分析法类似，在客流的短期预测方面有较好的精度，但需要较深的数学知识，方法较复杂，同时需要较多的历史数据，计算工作量也较大。

2. 因果关系客流预测方法

由于客流的变动与经济和非经济因素之间存在密切的关系，并且这些因素之间又都是相互影响的，因此可以通过研究影响客流的因素来预测未来的客流。这类方法与时间序列客流预测方法的区别在于：前者的自变量是时间，而后者的自变量是除时间以外的其他因素。这类方法的主要优点是能够较多考虑对客流可能产生影响的因素，揭示引起客流变化的原因。同时，在数据量足够多的情况下，常能得到较好的预测精度。这类方法的主要缺点是由于自变量的选择、有关参数的确定本身带有主观性和预测性，存在预测的准确性会受到影响的可能。常用的因果关系客流预测方法有回归预测法、引力模型法和乘车系数法等。

(1) 回归预测法

回归预测法是通过回归分析，建立一个合适的因变量和自变量之间的函数关系，来近似地表现客流和影响客流因素之间的平均变化关系。它包括一元线性回归预测、一元非线性回归预测、多元线性回归预测和逐步回归分析预测等方法。当研究客流与一个影响客流因素之间的关系时，该方法称为一元回归预测；当研究客流与多个影响客流因素之间的关系时，该方法称为多元回归预测。如果客流在函数关系式中表现为自变量的一次函数，该方法就称为线性回归预测，否则称为非线性回归预测。

(2) 引力模型法

引力模型因数学关系式与物理学的万有引力定律近似而得名。在研究地区间人的流动问题时，研究者发现人的流动数量似乎都是与地区人口的总数成正比，与地区间的距离成反比。这种现象正如物体之间的引力关系，于是提出了引力模型来预测客流。在对早期提出的引力模型进行修正的基础上，现在使用的一些引力模型既考虑了对地区间客流有影响的各种吸引因素如人口等，又考虑了对地区间客流有影响的距离阻力因素。引力模型简单易懂，但在利用该模型进行客流预测时，参数的确定往往比较困难。

(3) 乘车系数法

这是一种传统的客流预测方法，是一种以总人口和人均乘车次数来预测乘客发送量的方法。乘车系数是一定吸引范围内乘客发送量与总人口的比值，可根据历年资料和可能发生的变化进行确定。这种客流预测方法的局限性是乘车系数本身的变动有时难以预料。此外，在计算总人口时，间接吸引范围的人口确定也比较复杂。

3. 德尔菲法

在历史客流数据较少的情况下，借助预测者的专业知识和实际经验，并综合考虑多种影响因素对客流进行预测称为定性预测。德尔菲法，又称专家调查法，是目前采用较多的定性预测方法之一。虽然参加定性预测的专家意见是一种主观判断，受到对问题认识差异的影响，但主观判断并不等于主观随意性。只要有相当数量的对问题有研究的专家参加定性预测，尽管各位专家的预测结果不会完全一样，但也会围绕一个中心值波动，这个中心值就是确定预测结果的客观基础。为了避免个人知识、经验和素质的局限性影响预测的精确度，德尔菲法选择一组专家作为征询意见的对象，同时为了防止他们互相影响而不能做到独立判断，专家的意见一般以匿名方式填写。调查的组织者将调查问卷寄给专家，征询他们的意见，在收到专家的意见后，对专家的意见进行归纳汇总，形成新的调查问卷，然后对专家进行再征询，对经过归纳汇总的意见进行分析、判断并提出新的意见。经过这样多次反馈，当专家的意见逐步趋于一致时，预测的结果也就基本形成。

四、客流预测的主要内容及预测程序

1. 客流预测的主要内容

一般来说，城市轨道交通系统客流预测的主要内容包括以下几方面。

(1) 预测条件界定

研究与具体项目相关的社会经济环境和区域地理条件，明确相关重要影响因素的增长状况，包括区域内其他相关运输方式的建设计划。

(2) 远期年份运输需求总量及分布预测

分析预测远期年份区域内出行总量水平、各节点（小区）交通发生量和吸引量。根据规划与工程建设需要，可以选择不同详细程度的客流预测要求。

(3) 不同建设方案下不同方式分担结构及网络分配结果

根据不同网络建设方案，选择相关的需求分配参数。结合客流预测结果，研究网络上的流量分配状况，按规划与建设的具体需要给出不同年度各种运输方式的客流分担比例及城市轨道交通线网上的 OD 分布，包括各具体路段上的 OD 构成、平均运距等参数。

(4) 客流预测的灵敏度分析及评价

研究客流预测结果在不同票价方案、不同交通网形成条件、不同基础参数下的变化率。研究规划方案实施前后综合网络服务水平（负荷）的变化，确定能力不足或富余的区段，从而为优化规划方案提供依据。

2. 客流预测的基本程序

客流预测的基本程序如下。

(1) 确定范围，提出方案

确定城市轨道交通规划与建设项目涉及的区域范围、相关网络及项目建设方案，界定本次规划研究的区域范围，确定相关交通方式网络；通过分析，初步建立不同时期城市轨道交通建设项目覆盖的直接与间接范围，提出项目建设基本方案与备选方案。

(2) 搜集并分析与项目相关的基础数据

根据项目需要，确定需要搜集的与既有网络方案和新方案相关的基础数据，对基础数据进行全面系统的分析，剔除冗余、矛盾的数据，建立具有良好一致性的基础数据库。

(3) 选择客流预测的方法，建立客流预测模型

根据可用基础数据类型、网络特点和项目要求，选择适当的客流预测方法，建立相关的量化预测模型，形成满足项目需要的预测模型体系。

(4) 选择并标定预测模型涉及的相关参数

利用具有良好一致性的基础数据库，对所建立的客流预测模型体系中的各类模型进行参数标定，采用有效方法检验各种参数值，用于预测不同年度客流量。

(5) 预测模型的应用

利用选择的模型和相关参数计算相关预测年度的客流总量及不同交通方式分配量，根据预测结果分析总量数据和网络运量分配状况，并进行相关预测指标的统计工作。

(6) 对客流预测结果进行灵敏度分析，确定预测结果的可信度

分析不同预测参数和预测条件变化对预测结果产生的影响，以及不同规划及建设方案下的预测结果，为综合评价提供依据。

(7) 结合预测结果对各种方案进行分析和评价

从技术、经济与财务角度对备选方案的客流预测结果进行综合分析，确定最为符合投资方、运营方和使用者三方利益的预测方案。

(8) 确定推荐方案，整理数据结果并撰写相关的技术报告

综合分析并评价备选方案，确定推荐方案，整理所有相关数据、文件，建立详细的方案文档，提出需求预测的技术报告，作为可行性研究的依据。

五、不同阶段客流预测工作的要点

1. 线网规划阶段

线网规划阶段需要把握全网客流估算。在线网规划阶段有 4 项工作需要客流资料的支撑：①规划、建设城市轨道交通系统的必要性论证；②各规划线的运量等级、系统规模和相关的用地控制；③线网方案的评价和选择；④线网的分期发展实施方案的制定。

该阶段的客流研究工作之所以简称"全网客流估算"，其原因是远景年的用地规划资料不易落实，各类车站（含道路公交）的站位不易准确确定，交通网络在发展中的可变因素难以确定（如道路公交线网与城市轨道交通的关系）。

全网客流估算的主要目标年是远景年。对远景年的解释有两种：其一，城市总体规划的远景年，大约 50 年；其二，规划用地按不同性质达到相对饱和容量的年份。根据客流资料的用途，可能还要做其他年份的全网客流估算。这些年份需要与总体规划一致或接近，以便对基础资料和参数进行推定。

在线网规划中，全网客流估算是城市轨道交通网与整体交通网联系的纽带，决定了整个网络中线间客流的交换。线网规划的出发点和归宿都是客流，构建线网框架的基础即主交通走廊和主要集散点，也都是用出行量和方向来描述的。因此，线网规划中，全网客流估算不是按几个线网方案测算几次就算完成任务了，而是需要在供给与需求之间经过反馈迭代来寻找平衡的过程。

该阶段应计算的指标包括全网和各线指标，除换乘站的换乘量之外，不需计算其他各站的乘降量。

2. 可行性研究阶段

可行性研究阶段的客流预测成果是可行性研究报告的支持条件，它可以为线路建设的必要性、紧迫性和工程分期计划、设备系统类别的选择和各子系统规模的确定、线路方案、车站设置的比选、各期车辆购置数量的确定、运营设计及经济评价与财务分析提供依据。

(1) 预测年限

根据现行规范，可行性研究阶段预测年限分为：初期为运营后第 3 年；近期为运营后第 10 年；远期为运营后第 25 年。

上述年限的划分有一定的合理性，不过也存在一些问题，包括难以反映线路客流变化的动态趋势等。例如，运营第 5 年线路可能向两端（或一端）延伸（二期工程开通）运营，此时客流将发生突变。因此，在客流预测中要关注客流量发生突变的那些年份，即城市交通网络的重大变化和对外交通设施变化的年份。

(2) 客流分析报告

可行性研究阶段客流分析报告应包括的基本内容如下。
① 城市总体规划、综合交通规划、交通发展战略和城市轨道交通线网简介（或评价）。
② 城市交通现状分析。
③ 各预测年限的社会、经济资料。

④ 交通需求预测的技术路线和交通总量、客运交通系统结构。
⑤ 各预测年限的线网状况。
⑥ 客流预测的技术路线和主要参数。
⑦ 预测结果，主要包括：各期站间 OD 表；各期全日、高峰小时客流表、客流图；各期各换乘站、各方向之间的换乘量（分全日和高峰小时）；全日客流量的时段分布；各项指标计算结果。
⑧ 交通需求发展的状态分析和敏感度分析。
⑨ 其他需要说明的内容。

(3) 主要指标

该阶段需要计算的主要指标包括以下内容。

客运量：年平均日客运量、年平均日高峰小时客运量、各站全日和高峰小时乘降量、换乘站各方向的换乘量。

客流量：全日单向最大断面客流量、高峰小时单向最大断面客流量、客流密度（日客运量/运营里程）、客运周转量（人·千米/日）、客流强度（日客运周转量/运营里程）、平均运距（千米）。

与交通系统结构有关的指标：该线承担的出行量占全市出行量的百分比、该线客运量占全市公交客运量的百分比。

3. 预可行性研究阶段

一般来说，从项目建议书到工程可行性研究可能经历较长的时间，各种情况的变动较大。因此，在项目的预可行性研究阶段（配合项目建议书）和工程可行性研究工作中，如果预可行性研究阶段客流研究资料的深度难以满足工程可行性研究的要求，且线路方案、车站设置有较大变动时，可以考虑做两次不同深度的客流预测。

▶教学微视频◀
客流调查主要统计指标

▶拓展阅读◀
城市轨道交通运营指标体系

第三节　客流调查

【学习目标】

1. 理解城市轨道交通客流调查种类。
2. 掌握城市轨道交通客流调查汇总指标。
3. 掌握城市轨道交通客流分析中小时客流量在一日内的变化、全日客流量在一周内的变化的趋势及特点。
4. 掌握城市轨道交通客流分析中客流的不均衡性、客流量的季节性变化趋势及特点。

▶教学微视频◀
客流调查方法

轨道交通系统的客流是动态变化着的，但这种动态变化是有规律的，我们可以在实践中了解它、掌握它，并根据客流的动态变化，及时配备与之相适应的运输能力，给乘客提供良好的公共交通服务。在轨道交通系统的运营过程中，要掌握客流在时间、空间上的动态变化规律，必须经常进行各种形式的客流调查。

一、客流调查种类

客流调查问题涉及客流调查的内容、地点和时间的确定，调查表格和设备的选用，以及调查方式的选择等事项。根据不同的情况和不同的需要，轨道交通系统的客流调查种类主要有全面客流调查、乘客情况抽样调查、断面客流目测调查和节假日客流调查。

1. 全面客流调查

全面客流调查是一种全线客流的综合调查，通常也包含乘客情况抽样调查。全线客流调查一般应连续进行两天或三天，在全天运营时间内，调查全线所有车站中所有乘客的下车地点和票种情况，并以 5 分钟作为时间间隔将调查资料分组记录下来。通过问卷方式进行乘客情况抽样调查，内容包括乘客构成情况调查和某类乘客乘车情况调查两项。乘客构成情况调查通常在车站进行，而某类乘客乘车情况调查可在特定的地点进行。这种类型的客流调查时间长，工作量大，需要较多的调查人员，但在对调查资料进行整理、统计和分析的基础上，能对轨道交通系统的客流现状及客流规律进行全面、清晰的了解。全面客流调查有两种调查方式，即随车调查和站点调查。随车调查是在车门处对全天运营时间内所有运行列车的上下车乘客进行调查。站点调查是在车站检票口对全天运营时间内所有在车站上下车的乘客进行调查。轨道交通系统多采用后者进行调查。

▶教学微视频◀
制作乘客抽样
调查问卷

2. 乘客情况抽样调查

该项调查通过问卷方式进行，内容包括乘客构成情况调查和乘客乘车情况调查两项。乘客构成情况调查在车站进行，被调查人数取全天在车站乘车人数的一定比例，调查表内容有年龄（老、中、青）、性别（男、女）、居住地（本地、外地）、出行目的（工作、学习、购物、游览、访友、就医、其他）等。调查时间可选择在客流比较正常的运营时间段。某类乘客乘车情况调查可在月票发售点或其他地点进行，常见的有对持月票乘客进行的调查，被调查人数取某类乘客总数的一定比例，调查表内容有年龄、性别、职业、家庭住址、到达车站的方式（步行、骑自行车、乘汽车）和时间、上车站、下车站、下车后到达目的地的方式（步行、骑自行车、乘汽车）和时间、乘坐列车比过去乘坐汽车节省的时间等。

3. 断面客流目测调查

这是一种经常性的客流抽样调查。根据需要，可选择一个或两个断面进行调查，一般是对最大客流断面进行调查。调查人员用目测的方式估计各车辆内的乘客人数。

4. 节假日客流调查

这是一种专题性客流调查，重点对春节、元旦、国庆节、双休假日和若干民间节日期间的客流进行调查。调查的内容包括机关、学校、企业等单位的休假安排，都市旅游业、娱乐业的发展程度，城市居民生活方式的变化等。该项调查一般通过问卷方式进行。

二、客流调查汇总指标

在进行了客流调查后，对花费了许多时间、人力和财力所获得的客流调查资料，应认真整理，可以列成表格，或绘成图表，然后采用适当的统计方法来汇总计算各项指标，进行正确的分析。

轨道交通系统全面客流调查后汇总计算的指标主要有以下各项：全线各区间分时断面客流量、全线分时最大客流断面、全线分时最大断面客流量、全线各站分时上车人数、全线各站分时下车人数、全线各站分时换乘人数、全线各票种（普票、月票、证件）分时乘客数、本线乘客乘车站数、跨线乘客乘车站数、乘客分时平均运距、全线分时客车里数、全线分时客位里数、全线分时乘客里数、全线分时乘客密度、全线分时平均满载率、全线分时最大客流断面满载率、车站普票乘客构成情况、车站月票乘客构成情况、持月票乘客居住区域百分比、持月票乘客以不同方式到站时间、持月票乘客平均节省时间、轨道交通系统3次吸引乘客百分比。

三、客流分析

客流分析是指对城市轨道交通的动态性质的客流进行全面系统的分析，它因时因地而变化，但这种变化归根结底是对有关地区的社会经济活动、生活方式以及轨道交通系统本身特点的反映。

在轨道交通系统运营过程中，对客流动态实行经常的监督和系统的分析，掌握客流现状与客流变化规律，是轨道交通系统行车组织工作和客运组织工作得以顺利进行的前提。

分析轨道交通系统客流的动态性质及与运营组织的关系，需要掌握客流的4种变化。

1. 小时客流量在一日内的变化

小时客流量是用以确定城市轨道交通出入口、通道等设备容量的基础数据，尤其是在计算全日行车计划和车辆配备计划时会经常使用。

小时客流量随城市生活的节奏变化在一日之内呈起伏波状图形，夜间客流量稀少，黎明前后渐增，上班或上学时间达到高峰，以后客流渐减，至下班或放学时间又出现第二个高峰，进入晚间客流又逐渐减少，如此起伏骤增骤减，显示了不同时间的客流变化规律。

全日分时最大断面客流量是确定轨道交通系统全日行车计划和车辆配备计划的基础数据。

车站单向高峰小时客流量是确定车站出入口、楼梯、售检票设备数量，计算站台、楼梯、通道宽度和配备车站定员的依据。车站设备的数量、容量不足，会给行车秩序、站厅秩序、乘车秩序和乘客的安全带来不利的影响。

对小时客流量的分析不准，也会给行车、乘降工作带来不利影响。必须指出，在高峰小时内客流分布也是不均衡的，一日内小时客流量的调查资料显示，还存在一个20分钟左右的超高峰期，对这个因素应加以注意。

2. 全日客流量在一周内的变化

人的活动规律是按周循环的，双休日时，大多数人休息在家，在以通勤、通学客流为主的轨道交通线路上，客流量会有所减少；而在连接商业网点、旅游景点的轨道交通线路上，客流量会有所增加。全日客流量在一周之内呈有规律的变化。从运营经济性考虑，应根据不同的客流量在一周内实行不同的全日行车计划。

另外，星期一的早高峰和星期五的晚高峰小时客流量均高于一周内的其他相应高峰小时客流量。在节假日的前、后一天也存在类似客流量的增减。为适应这种短期内客流的变化，运营部门要制定相应的措施。

3. 客流的不均衡性

客流的不均衡性主要体现在以下三方面。

(1) 上下行客流的不均衡系数 α_1

$$\alpha_1 = \frac{\max(A_{\max}^{\text{上}}, A_{\max}^{\text{下}})}{\dfrac{A_{\max}^{\text{上}} + A_{\max}^{\text{下}}}{2}}$$

式中，$A_{\max}^{\text{上}}$、$A_{\max}^{\text{下}}$ 分别为上行、下行最大断面客流量，人。

当 α_1 较大时，即在上下行方向最大断面客流量不均衡的情况下，在直线走向（需要折返）的轨道交通线路上做到经济合理地配备运力比较困难，而在环形轨道交通线路上则常采用内外环线路安排不同运力的方法来解决，即在环线轨道交通上可分上下行方向安排不同的运力与此相适应。

(2) 断面客流的不均衡系数 α_2

$$\alpha_2 = \frac{A_{\max}}{\dfrac{\sum_{i=1}^{n} A_i}{n}}$$

式中，$A_{\max}$ 为单向最大断面客流量，人；A_i 为单向断面分时客流量，人；n 为轨道交通所设区间数量。

当 α_2 较大时，即在断面客流量不均衡时，运营部门常采用在客流量较大的区段加开区段列车的措施。但在行车密度很大的情况下，加开列车会有一定难度，而且加开区段列车对运营组织和车站折返设备都会提出新的要求。

(3) 分时客流的不均衡系数

$$\alpha_3 = \frac{A_{\max}}{\dfrac{\sum_{i=1}^{n} A_i}{h}}$$

式中，$A_{\max}$ 为单向最大断面客流量，人；A_i 为单向断面分时客流量，人；h 为城市轨道交通全日营业小时数，小时。

当 α_3 较大时，即在分时客流不均衡时，为达到运输组织的合理性和运营的经济性的目的，运营部门可考虑采用小编组、高密度的行车组织方式，即在客流高峰时间段开行较多的列车以满足运输需求，而在客流低谷时间段则减少开行列车数以提高车辆平均满载率。

4. 客流量的其他变化

首先是客流量的季节性变化。在旅游旺季，城市中流动人口增加，会给轨道交通系统带来较大的运输压力。此外，节假日或举行重大政治、商务集会或文体活动，以及一些经济因素都会引起有关轨道交通线路的客流量激增。当客流量在短期内增加幅度较大时，轨道交通运营部门要针对某些作业组织环节、某些设备的运用方案实施局部性的调整措施，以适应一定时期的客流特征。

除了上述客流的不均衡性外，轨道交通的各停车点的乘降客流量也是不均衡的。此外，新的交通设施投入运营，新的居住区形成规模等，也会让上述的不均衡增加起伏波动性。这种客流性质的变化是客流分析的重点，因为客流的变化给轨道交通运营组织提出了新的要求。

【本章实践】

1.根据所调查的客流量数据,结合实际,选择适当的客流预测方法,对客流进行预测,并对预测的结果用图片、表格及文本报告的形式进行总结表示。

2.分析总结影响客流预测的因素都有哪些。

3.总结不同的客流预测方法分别适用于什么情况。

4.完成上述任务后,进行小组自评和互评,最后教师讲评,取长补短,开拓完善知识内容。

第五章　城市轨道交通车站客运组织工作

城市轨道交通客运组织中的重要环节是现场客流组织，本章在调研国内城市轨道交通运营客流数据的基础上，分析了城市轨道交通客流的时间特征、空间特征、网络化运营客流特征、换乘站及终端站的客流特征，为客流组织奠定了基础。在介绍客流组织方法之前，简要介绍了目前城市轨道交通客流调查及客流预测方法，归纳出城市轨道交通客流预测的定性预测和定量预测的各种常用方法，并举例说明国内部分地铁客流预测中所采用的方法，大家可根据实际情况选用对应的预测方法。

本章重点介绍了城市轨道交通日常客流组织和特殊情况下客流组织方法。首先从乘客的角度出发，分析了乘客进入车站后的各种需求，在此基础上，对乘客进站、出站各个环节的客流组织方法及注意事项进行了详细介绍。其次介绍了城市轨道交通发生大客流及各种突发事件情况下的客流组织方法，分析了可预见性大客流、不可预见性大客流的特点及应对措施，面对突发事件，从乘客疏散、清客、隔离方面讲述了具体的客流组织措施。

第一节　城市轨道交通客流

【学习目标】

1. 理解城市轨道交通客流的分类。
2. 掌握特定地铁车站一天中各小时的客流特点，一周每日的客流特点，季节性或短期性的客流特点。
3. 掌握对特定地铁车站客流空间特点分析的方法。
4. 理解城市轨道交通网络化客流特征。
5. 掌握对城市轨道交通换乘客流特点分析的方法及换乘乘客需求特征。

客流是指在单位时间内，轨道交通线路上乘客流动人数和流动方向的总和。客流的概念既表明了乘客在空间上的位移及其数量，又强调了这种位移带有方向性和具有起讫位置。

客流特点与城市经济发展水平、城市各功能区域布局、交通道路网布局、城市道路交通服务水平、常规公共交通服务水平、人口、交通运输政策、客运服务的价格与质量、私人交通工具的拥有量等方面密切相关，在路网的方向上、断面上特点突出，具有明显的时空性。

一、城市轨道交通客流分类

1. 按照出行目的分

工作客流：是因工作和学习而产生的客流，由上班流和学生流组成。特点是时间集中、客流量大、规律性强、高峰期短、稳定性高，是高峰时客流的主要来源，是全日客流量的主要部分。

日常客流：由人们的日常活动构成，如探亲、访友、购物、就医、娱乐、体育、出游等。这种客流在一天中持续的时间长，受气候变化和季节变化影响较大。

▶教学微视频◀
城市轨道交通车站
日常客流组织

2. 按照出行时间分

平时客流：主要是周一至周五的客流，比较稳定，每个时间段的客流情况容易掌握。

特殊日客流：主要是指周末客流和节假日客流，流量变化大，发生时间突然，每周或者每年的情况都会有所差异。

3. 按照乘距长短分

城市客流：起始点和目的地都在市内的客流，它们乘距短、流量大、时间性强，高峰低谷明显，起伏变化大，换乘交替频繁。

市郊客流：流量相对较小，乘距长，早晚方向差异大，早晨主要从市郊流向市内，傍晚主要从市内流向市郊。

4. 按照客流真实性分

实际客流：通过城市轨道交通自动检票设备及人工检票计算得出的实际客流量。

预测客流：通过一定的客流及影响客流因素调查后预测得出的未来一段时间内的客流量，预测客流与真实客流存在一定误差。

5. 按照客流来源分

基本客流：轨道交通线路既有客流加上按照正常增长率增加的客流。

转移客流：由于轨道交通具有快速、准时、舒适等优点，使原来经由常规公交和自行车出行转移到经由轨道交通出行的这部分客流。

诱增客流：轨道交通线路投入运营后，促进沿线土地开发、住宅区形成规模、商业活动繁荣所诱发的新增客流。

二、客流时间特点分析

1. 车站一天各小时客流特点

一天各小时客流量用以确定城市轨道交通出入口、通道等设备容量，是计算全日行车计划和车辆配备计划的参考基础。小时客流量随着人们的生活节奏和出行特点而变化，一般清晨与夜间的乘客较少，上班、上学时段客流达到最高峰，高峰过后逐渐进入低谷，傍晚下班和放学时段客流再次达到高峰，进入晚间客流又逐渐减少。

轨道交通线路走向、轨道交通站点周边土地开发情况、城市轨道交通所处交通走廊特点、城市轨道交通运能、城市轨道交通服务水平是影响轨道交通客流时段分布的主要因素。

总结不同运能轨道交通的不同类型车站,可归纳出以下五种客流小时分布类型:

单向峰型:轨道交通线路所处的交通走廊具有明显的潮汐特征,当车站周边地区用地功能性质单一时,车站客流分布集中,有早晚错开的一个上车高峰和一个下车高峰,如图5-1所示。

双向峰型:车站位于综合功能用地区位时,客流分布与其他交通方式的客流分布一致,有两个配对的早晚上下车高峰,如图5-2所示。

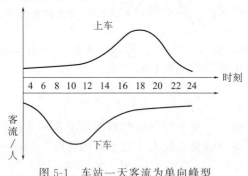

图5-1 车站一天客流为单向峰型

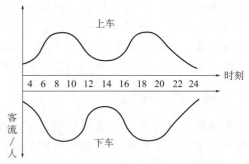

图5-2 车站一天客流为双向峰型

全峰型:轨道交通线路位于用地已高度开发的交通走廊,或车站位于公共建筑和公用设施高度集中的地区时,客流分布无明显的低谷,双向上下车客流全天都很大,此种客流分布较少,如图5-3所示。

突峰型:车站位于体育场、影剧院等大型公用设施附近,演出节目或体育比赛结束时,有一个持续时间较短的突变的上车高峰。一段时间后,其他部分车站可能有一个突变的下车高峰,如图5-4所示。

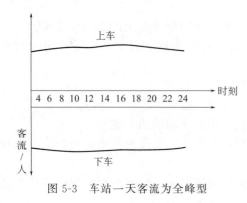

图5-3 车站一天客流为全峰型

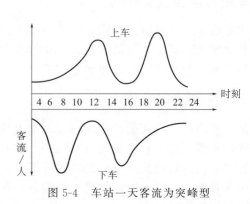

图5-4 车站一天客流为突峰型

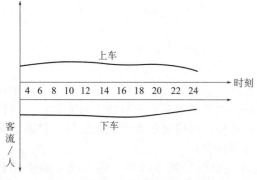

图5-5 车站一天客流为无峰型

无峰型:当轨道交通本身的运能比较小或车站位于用地还没有完全开发的地区时,客流无明显的上下车高峰,双向上下车客流全天都较小,如图5-5所示。

2. 一周每日客流特点分析

一周每日客流情况不同,周一至周五客流以上下班为主,周六、周日客流以休闲、娱乐、购物为主。

由于人们的工作与休息是以周为周期循环

进行的,这种活动规律性必然会反映到一周内各日客流的变化上来。在连接商业网点、旅游景点的轨道交通线路上,双休日的客流会有所增加,如图5-6所示。而在以通勤、上学客流为主的轨道交通线路上,双休日的客流会有所减少。

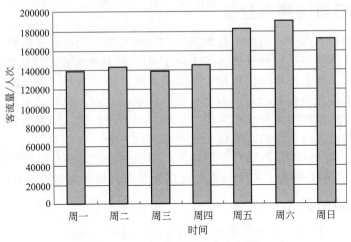

图5-6 一周每日客流分布规律

另外,周一与节假日后的早高峰小时客流和周五与节假日前的晚高峰小时客流,都会比其他工作日早、晚高峰小时客流要大。

根据全日客流在一周内分布的不均衡和有规律的变化,从运营经济性考虑,轨道交通系统常在一周内实行不同的全日行车计划和列车运行图。以某地铁为例:某条线路在运营开通后,根据周一至周日客流存在的不均衡性特点,周一至周五采用一个时刻表,周六、周日采用另一个时刻表,不同时刻表上列车数量与列车间隔均不同,合理地分配了地铁的运能和资源,提高了为乘客服务的水平。

某地铁2号线于2011年9月16日开通试运营,2号线贯穿某市南北中轴线,沿线经过城市中心区、多个商业区及城市客运站,平日客流量较大。如图5-7所示,对2012年4月份平均每周周一至周日进站客流量进行分析。

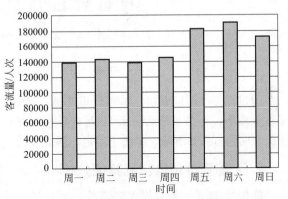

图5-7 某地铁2号线2012年4月份平均每周周一至周日进站客流量

通过上图可以看出周一至周四客流量较平稳,基本稳定在14万左右,周五至周日客流量较大,其中周六客流量最大,达到19万,周五客流量次之。

根据上海轨道交通系统年日均客流量统计,得出以下结论:
① 平均周一至周四每天客流量基本相同,客流量的波动幅度较小;
② 非节假日情况下,周五客流量最大,周日客流量最小;
③ 周一与节日后的早高峰小时客流量和周末与节日前的晚高峰小时客流量,比一般工作日早、晚高峰小时客流量要大。

3. 季节性或短期性客流特点

在一年内,客流还存在季节性的变化,如由于学生复习迎考等原因,6月份的客流量通常是全年的低谷,而由于国庆节放长假,10 月份的客流量通常是一个高峰。另外,在旅游旺季,城市中流动人口的增加又会使轨道交通线路的客流量增加。短期性客流激增通常发生在举办重大活动或遇到天气骤然变化的时候。

三、节假日客流特点分析

节假日客流的特点如下:国庆节是旅游、购物黄金周,大批游客的到来以及市民在节假日期间出行购物、休闲等会使地铁的客流大幅上升,特别是商业区或旅游景点附近的车站,客流的冲击会很大;春节前后大批外地劳务人员返乡,将对客运站附近的地铁站造成较大冲击,但春节期间的客流会相对稳定,不会有太大影响;元旦、清明、端午、中秋、劳动节假期短,游客不会对地铁的客流变化产生较大影响,但市民出行、购物会使商业区附近的车站产生较大客流,同时其他车站的客流也会比平常有所上升。

节假日出行活动与日常出行活动差别较大,目前国家法定节假日按照时间长短可以分为 3 天节假日和 7 天节假日两类,以下分别对这两类节假日的客流特点进行分析。

1. 国庆节客流分析

某地铁 2 号线 2011 年 "十一" 期间进站客流量如图 5-8 所示。

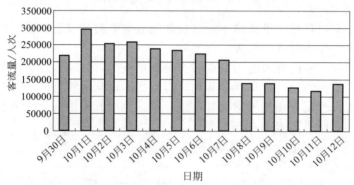

图 5-8　某地铁 2 号线 2011 年 "十一" 期间进站客流量

通过图 5-8 可以看出:城市轨道交通一般国庆节期间在 10 月 1 日出现最大客流,随后客流逐步减小,至节日最后一天 10 月 7 日达到节日期间的最小客流量,10 月 8 日以后客流量比国庆节期间有明显下降,并趋于稳定,国庆节前一天 9 月 30 日客流量明显高于正常日的客流量。

2. 圣诞节和元旦客流特征分析

除传统的十一黄金周大客流外,近几年,圣诞节、平安夜、元旦出现大客流的趋势较明显,以下统计出某地铁 2 号线 2011 年圣诞节和元旦期间日客流量,具体如图 5-9 所示。

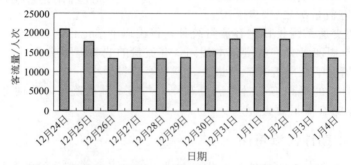

图 5-9　某地铁 2 号线 2011 年圣诞节和元旦期间日客流量

根据图 5-9 可以看出,圣诞节前一天(平安夜)、元旦放假前一天的客流量增加较多,增量明显,节日前一天全线客流量具有平时周五客流量或者稍高的水平;元旦期间,1 至 3 日客流量持续减少,3 日的客流量最小。

四、客流空间不均衡性特点分析

客流的空间不均衡主要分为各条线路客流分布不均衡、同一条线路上下行方向客流分布不均衡、各个断面客流分布不均衡、各车站乘降人数不均衡及车场客流分布不均衡。

1. 各条线路客流分布不均衡

城市轨道交通线网的各条线路因其所在的城市客流走廊带不同、沿线用地性质不同,使得其客流规模和分布规律各异。可以通过运营期间的客流统计数据分析各条线路的客流分布特征。各条线路客流分布的不均衡性,包括现状客流分布的不均衡和客流增长的不均衡两个方面。如上海轨道交通各条线路的客流分布差异较大,经过市中心商业繁华区、文化聚集区、客流集散点的线路(如 1 号、2 号线)一般汇集了上下班、读书、公务、商业和旅游等客流,工作日客流量达到 80~100 万人次,客流强度较大;市郊结合、以上下班客流为主的线路(如 3 号线),客流量居中;郊区线路(如 5、6、9 号线),客流量最低。

2. 同一条线路上下行方向客流分布不均衡

在轨道交通线路上,由于客流的流向原因,同一线路上下行方向在同一时段内客流具有以下两种特征:双向型(上下行的运量数值接近相等,市区线路多为此种类型)、单向型(上下行的运量数值差异较大,特别是通向郊区或工业区的线路,多是属于单向型)。在放射状的轨道交通线路上,早、晚高峰小时的上下行方向客流不均衡尤为明显,可以采用轨道交通线路上下行方向不均衡系数来描述轨道交通线路上下行方向客流均衡程度,计算公式如下:

$$\alpha_1 = \frac{\max(A_{\max}^{\text{上}}, A_{\max}^{\text{下}})}{(A_{\max}^{\text{上}} + A_{\max}^{\text{下}})/2}$$

式中,$A_{\max}^{\text{上}}$,$A_{\max}^{\text{下}}$ 为上行、下行最大断面客流量;α_1 为上下行客流不均衡系数。

一般线路的上下行不均衡系数 α_1 为 1.1~1.2,工业区线路的 α_1 系数为 1.4~1.5。当 α_1 较大时,在上下行方向最大断面客流量不均衡的情况下,直线走向(需要折返)的轨道交通线路要做到经济合理地配置运力比较困难,而在环形轨道交通线路上则常采用内外环线路安排不同运力的方法来解决,即在环线轨道交通上可分别对上下行安排不同的运力与其相适应。

3. 各个断面客流分布不均衡

在轨道交通线路上,由于线路行经区域的用地开发性质不同,所覆盖的客流集散点的规模和数量不同,因而会出现线路各个车站乘降人数不同的情况。线路单向各个断面的客流存在不均衡的现象是不可避免的。

轨道交通线路单向各个断面客流不均衡系数可按下式计算:

$$\alpha_2 = \frac{A_{\max}}{\frac{1}{n}\sum_{i=1}^{n} A_i}$$

式中,$A_{\max}$ 为单向最大断面客流量;A_i 为第 i 个区间单向断面分时客流量;n 为轨道交通所设区间数量。

当 α_2 较大时，断面客流量不均衡性明显，轨道交通运营管理单位常采用在客流量较大的区段加开区段列车的措施。但在行车密度较大的情况下，加开列车会有一定难度，而且加开区段列车对运营组织和车站折返设备都会要求较高。一般情况下，α_2 达到 1.5 以上的线路，运营组织要采取措施，增大最大断面的运输能力，保持线路各个断面运力与运量的平衡。

合理的列车交路计划既能改变这种状况，提高列车和车辆运用效率，又能给予乘客较大的方便。因此不同列车交路相结合的列车运行方式，能使行车组织做到经济合理。列车交路主要有长交路、短交路及混合交路等几种方式。

4. 各车站乘降人数不均衡

轨道交通线路各个车站的乘降人数是不均衡的。一些城市在不少线路上，全线各站总的乘降量主要集中在少数几个车站，新的居民住宅区形成规模和新的轨道交通线路投入运营，也会使车站乘降量发生较大的变化及造成不均衡的加剧或新的不均衡。车站乘降人数的不均衡决定了各个车站的客运工作量、设备容量或能力的配置、客运作业人员的配备，以及日常运营管理的重点。总结不同类型城市轨道交通线路，各个车站乘降人数空间分布特征可归纳为以下五类。

① 均等型。当城市轨道交通线路呈换线布置或沿线用地已高密度开发成熟时，各车站上下车客流接近相等，沿线客流基本一致，不存在客流明显突增路段。

② 两端萎缩型。当城市轨道交通线路两端延伸至还没有完全开发的城市边缘地区或郊区时，线路两端路段的客流小于中间路段的客流。

③ 中间突增型。当城市轨道交通线路途经大型的对外交通枢纽、高密度开发地区或者车站利用常规公交线路辐射吸引范围广阔时，位于该区位车站的上下客流明显偏大，线路客流存在突增的路段。

④ 逐渐缩小型。当城市轨道交通线路首末车站位于大型对外交通枢纽附近或接近城市中心 CBD 地区时，随着线路向外延伸，线路客流逐渐减小。

⑤ 组合型。当城市轨道交通线路结合了以上多种特点时，城市轨道交通线路乘降人数反映出的特征无具体规律，主要受车站周边土地利用影响。如某地铁 2 号线属于该种类型，其 2 号线贯穿某市南北中轴线，沿线经过对外枢纽北客站、行政中心站、经济技术开发区、市中心钟楼、小寨商业区及会展中心。图 5-10 是某地铁 2 号线 2018 年 4 月份各站平均每日进出站人数分布图，从该图可以看出各站乘降量的不均衡性。

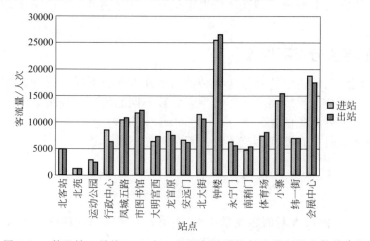

图 5-10　某地铁 2 号线 2018 年 4 月份各站平均每日进出站人数分布图

从图 5-10 可以看出，某地铁 2 号线各站客流相差较大，客流最大的车站为钟楼站，其次为会展中心站和小寨站，客流最小的车站为北苑站。钟楼站因所处城市中心，周边商业、旅游景点较多，开发成熟度高，所以来此处的本地人和外地人都较多，乘降量是全线最大的车站。会展中心站处于曲江会展中心场馆旁边，经常有展览、演唱会等活动，并且该站为某南郊市民通过其他交通方式换乘地铁进入市区的换乘站，所以进出站客流较大，位居全线第二。

5. 车场客流分布不均衡

分析轨道交通车站内乘客流向及行程轨迹，车场客流在空间分布上也存在不均衡现象，具体包括经由不同出入口的客流不均衡、各个换乘方向的客流不均衡、通过不同收费区的客流不均衡、通过同一收费区不同检票机的客流不均衡、上下行方向的乘降客流不均衡等。

通过调查了解某地铁 2 号线钟楼站早晚高峰客流情况，得出以下结论：通过各台进站闸机的客流，按照距离自动售票机 TVM 及距离出入口的近远，呈现出明显的阶梯状递减分布；而通过各台出站闸机的客流则相对均匀，原因是进站客流是陆续到达的，乘客为争取时间通常会选择最近的进站闸机，但出站客流是集中到达的，乘客为避免排队通常会选择比较空闲的出站闸机检票出站。

掌握客流在车场内尤其是在换乘站内的空间分布特征，对车站自动售检票设备合理配置与优化布局、制定车站客运组织方案与客流组织措施具有重要意义。

五、轨道交通网络化客流特征

当轨道交通逐渐成网以后，客流分析不能仅局限于单条线路分析以后简单的叠加。随着线路增多逐渐成网，各条线路相交于换乘站，客流互相作用，构成了网络效应，随着网络规模的增大，换乘更加便捷，居民出行乘坐轨道交通可达性提高，线网客流量会迅速增大，轨道交通分担率迅速上升，轨道交通的优势得以充分体现。

以上海城市轨道交通线网规模发展及相应客流变化的情况进行分析。

上海轨道交通日均客流由 10 万人次到 100 万人次历时 10 年，而在 2007 年至 2008 年，网络日均客流从 200 万人次迅速提升至 300 万人次，2010 年达到日均 500 万人次，特别是 2010 年 10 月，轨道交通日均客流量接近 600 万人次。2002~2008 年上海轨道交通日均客流及换乘客流情况见图 5-11 所示。

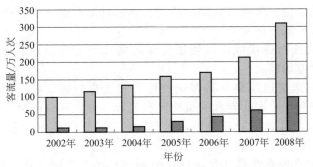

图 5-11　2002~2008 年上海轨道交通日均客流及换乘客流情况
■日均客流量；■日均换乘客流

随着城市轨道交通网络规模的增大，换乘站的位置越合理，客流量就会越大。以上海人民广场站为例，2008 年上半年日均吞吐量达到 38.81 万人次，2010 年达到日均 70 万人次，世博会期间最高日达到110万人次。

城市轨道交通随着网络规模的增大,线路之间的换乘便捷性也越来越高,图5-12所示为2002~2010年上海地铁人民广场站日均换乘客流变化趋势。2002~2005年,上海城市轨道交通网络只有人民广场站1个换乘站,日均换乘客流比例一直维持在总客流量的10%左右。2005年年底,上海地铁交通网络"一票换乘"的实施,使换乘客流大幅增加,比重达到20%。2008年各线换乘客流比例持续增加,全网络最大日换乘客流甚至超过120万人次,网络换乘比例也首次超过30%。

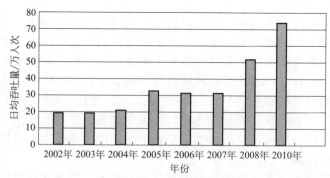

图5-12　2002~2010年上海地铁人民广场站日均换乘客流变化趋势

北京市轨道交通日均客流量从10万人次增到100万人次用了10年时间;从100万人次增到200万人次用了4年时间;从200万人次增到300万人次仅用了1年时间;从300万人次到400万人次仅用了不足1年时间。图5-13为北京市轨道交通网络客运量增长示意图。

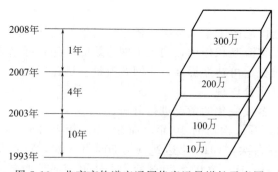

图5-13　北京市轨道交通网络客运量增长示意图

通过调研国内外大城市轨道交通线网建设历程和运营客流数据,可发现其轨道交通随着线网建设,客流变化趋势具有一定的规律,具体归纳如下:

① 在城市轨道交通建设初期,运营轨道线路较少,且在开通前3年左右有一个客流培育的阶段,必须经历一个乘客认知、适应、熟悉直至形成一个合理的客流吸引区域的过程,客流的增长比较平缓。

② 随着轨道交通线路逐步成网,轨道交通线网日均客流呈现总体上升趋势,在初期、近期日均客流上升幅度均较大。

③ 位于郊区的轨道交通线路,其客流的形成和培育时间较长。位于中心城内的线路,客流强度与线路走向和主要客运走廊的重合度有关,一般在开通初期客流增长较快。

④ 市区线路客流总体保持增长趋势,运营后初、近期客流增长较快、中远期客流增长较慢、远期客流趋于平稳。

⑤ 郊区线路轨道交通在线路开通运营之后相当长的一段时间内,客流呈现总体上升趋势,直至沿线区域开发相对成熟后趋于稳定。

六、换乘客流特点分析

轨道交通的换乘包括乘客在线网内同一线路上换乘、乘客在线网内不同线路间换乘、乘客在轨道交通与其他交通方式间换乘三种情形。因城市轨道交通与其他交通方式换乘一般在站外换乘，本书不做介绍。

线网内同一线路上换乘是指部分乘客在中间站换乘同线路、同方向或不同方向列车，这部分客流人数较少，部分乘客因乘车坐错方向换乘至同一线路相反方向，或是等候他人一起前去目的地，这类换乘客流对车站客流组织影响不大。

乘客在线网内不同线路间换乘是指乘客在城市轨道交通线网内通过换乘车站实现不同线路之间的换乘。不同线路之间的换乘常采用的换乘形式可分为同站台换乘、节点换乘、站厅换乘、通道换乘等基本形式。

▶教学微视频◀
换乘客流
组织方法

1. 同站台换乘

同站台换乘一般适用于两条线路平行交织且采用岛式站台的车站形式。乘客换乘时，由岛式站台的一侧下车，横过站台到另一侧上车。这种换乘方式比较方便，但是存在部分客流换乘距离较大的缺陷。

2. 节点换乘

节点换乘是在两线交叉处，将两线隧道重叠部分的结构做成整体的节点，并采用楼梯将两座车站站台直接连通的换乘形式，一般有"十"字型、"T"字型、"L"字型等几种形式。该换乘方式，乘客通过楼梯进行换乘，较为方便，但存在客流交叉的问题，若换乘设施设置不当，会造成换乘客流交叉拥堵。该换乘方式客流组织的关键是注意上下楼的客流组织，避免进出站客流和换乘客流的交织紊乱。

3. 站厅换乘

站厅换乘为两线或多线共同设置共用站厅，乘客下车后，无论是出站还是换乘，都必须经过公用站厅，再根据导向标志出站或进入另一个站台继续乘车。由于下车客流只朝着一个方向流动，客流组织简单，减少了站台上人流的交织。乘客行进速度快，在站台上滞留时间短，可避免站台拥挤，同时又可减少楼梯等升降设备的总数量，从而增加了站台的有效使用面积。此种换乘方式，换乘乘客必先上（下）后下（上），换乘总量大。另外，由于出站客流和换乘客流一起经过站厅，因此站厅内客流导向和指示标志以及各种信息显示屏等换乘诱导系统设施的设置显得尤为重要，它是保证乘客有序流动必备的硬件条件。另外城市轨道交通运营单位应在换乘线路上设置一定的导流、隔离装置，换乘客流较大时，在一些重要位置应增加人工引导。

4. 通道换乘

通道换乘是在两线交叉处，用通道和楼梯将两车站连接起来，属于一种间接换乘形式，乘客换乘步行距离长，换乘能力有限，有时需要出付费区换乘（需要重新购票），但是此类换乘布置灵活，连接通道可以设置于两站站厅之间，也可直接设置在站台上。

七、换乘乘客需求特征

1. 心理需求

方便性。乘客在换乘时耗有一定的心理可接受度，换乘时间过长会产生焦虑心理。参照香港地铁调查研究，如能将换乘通道长度控制在60m以内，换乘时间是适宜的，大部分乘客均可以接受。

顺畅性。换乘流线顺畅,尽量减少不必要的绕行,减少换乘路线高低起伏;换乘设施摆放位置和方向应与流线一致,减少客流交织和冲突;同时考虑换乘路径中的设施能力匹配,避免能力瓶颈带来的拥堵。

舒适性。换乘站设施能力应适应客流需求,设施拥挤会降低换乘舒适度。另外,配有自动扶梯或自动步道也会使换乘更加舒适。

2. 行为特征

简单化。由于地下车站空间的封闭性,很容易让人失去方向感,所以要求换乘设施空间布局紧凑、换乘流线清晰,应尽量减少对换乘路径的选择性,从而减少乘客的滞留时间,提高乘客在站台、站厅的疏散速度。

就近性。在换乘路径上人们习惯选择最短路径,如在到达站台时,倾向就近选择换乘车厢,因此易导致换乘客流分布的不均衡,如T型换乘站的客流易聚集在端头。

八、终端站客流特点

由于轨道交通终端站一般位于城市的外围区,土地开发利用比较单一,终端站的高峰时段与平峰时段存在较大的差异,主要有以下几种情况的客流时间分布特征:

① 终端站位于以居住区为主的客流发生区,主要表现为早高峰上客量明显比较大,下客量明显比较小;晚高峰则相反。即早高峰以进站客流为主,晚高峰以出站客流为主,在车站常出现早晚高峰乘降客流的潮汐现象。

② 终端站位于以旅游区或就业区为主的客流吸引区,主要表现为上午下客量明显比较大,上客量明显比较小,晚上则相反。即上午以出站客流为主,晚上以进站客流为主。

③ 终端站位于对外交通枢纽区时,这种类型的终端站既是客流发生区,同时也是客流吸引区。客流时间分布表现为随机性,上下客量呈现出不规律性,与对外交通到发时间密切相关。如与火车站直接换乘的枢纽车站,城市轨道交通车站客流会表现为明显的波峰型,当某趟火车到站后,将有大量乘客涌入地铁站乘车,波峰客流持续到这趟火车的客流疏散完毕。

九、客流敏感性分析

影响城市轨道交通客流因素众多,不同时间周期的客流量统计指标会受到不同社会与经济因素的影响。一般年客流量、季度客流量及月客流量受到宏观经济因素的影响较大;日客流量受到自然气候条件、节假日、重大活动的影响较大。城市轨道交通客流量的影响因素主要有以下几个方面:

① 城市轨道交通网络的规模、客流吸引区域的大小;
② 轨道交通在整个城市公共交通网络中所处的位置;
③ 列车运行速度、安全、舒适、正点率等因素;
④ 票价政策;
⑤ 与其他公共交通的性价比比较。

城市的经济水平和人口规模能从根本上决定轨道客流的规模。在不同人口规模和分布的城市里,其上班、上学、购物、旅游等客流量及分布都会具有明显区别。另外,由于轨道交通票价一般会高于常规交通方式,所以城市经济水平的提高有助于轨道交通客流规模的增大,反之则减少。

城市未来发展规划也对其轨道客流规模起着重要的作用。各个城市都会根据本身的性质规模、经济发展水平和有关国家政策制定未来若干年的发展规划,其中就包括有交通设施发展的宏观构架和目标。对于将轨道交通列入未来发展规划的城市,其客流规模自然有一定的扩大趋势。

相关产业因素:旅游人数,旅游床位数量,公共交通车辆数,游园人数,在校学生人数,房地产开发量,第三产业产值等。城市产业结构的变化建立在高效的交通系统和经济区域化的基础上,对城市公共交通需求产生的内在机制和需求强度有着关键性的影响。

沿线土地利用对轨道客流规模存在举足轻重的影响。城市中因为各种经济活动而进行的土地利用是轨道客流产生的"源泉"。如果轨道线路经过城市主要的居住区和商业区,就会具有相对较大的客流规模。

自然气候条件:如平均气温、最高温度、最低温度、风力等级、日照时数、总降雨量等。自然环境会影响人们在出行时对交通工具的选择,恶劣天气和晴朗天气,适温与高温或低温等情况下对交通工具的要求有所不同。城市公共交通的客流量会随自然气候条件有一定波动,尤其在周末加上好天气,公共交通客流量的增加相当可观。

在这些因素都确定的情况下,城市客流的产生和分布就客观存在。但由于轨道交通迅速、大运量的特点,增强了轨道沿线的通达性,对周边的土地利用和社会经济发展有了相应的反作用,轨道客流的产生和分布在一定程度上也随之改变。

案例剖析:

以香港地铁尖沙咀车站为例,分析该站一天各小时客流特征。香港地域狭窄、人口密度大,城市道路交通出行较拥堵,而香港地铁较发达,站点布置密集,地铁出行方便,市民日常出行已将地铁作为主要交通工具。

通过图 5-14 中显示的尖沙咀车站平日客流数据分布可以看出,尖沙咀车站的一天各小时客流分布是双向峰型,因为该车站位于综合功能用地区位,客流分布与其他交通方式的客流分布一致,有两个配对的早晚上下车高峰。

尖沙咀车站早高峰时段,7:00—10:00出站的乘客明显比进站的乘客多,其原因是该站附近商业、办公、金融活动较多,早上到达该区域上班的人较多,没有大量居住人口,进入车站的乘客相对较少。11:00—16:00时段,进出车站的乘客数量基本相同,因为这个区域是旅游热点,区内有大量酒店、饮食店及购物中心。下午高峰时段

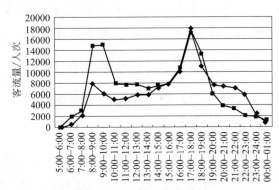

图 5-14 香港地铁尖沙咀车站平日客流统计平均值
(一天各小时客流分布图)
—■— 平均进站人数;—◆— 平均出站人数

16:00—19:00 主要为下班或到尖沙咀附近地方休闲、观光、购物的乘客,所以乘客进出车站流量均较大。

第二节　客流预测

【学习目标】
1. 熟悉城市轨道交通客流预测的内容。
2. 理解城市轨道交通客流的定性预测方法。

3. 理解城市轨道交通客流中的时间序列预测法、不基于现状客流分布（OD分布）预测法、基于现状客流分布（OD分布）预测法。

4. 理解城市轨道交通客流中的非集计模型预测法。

5. 理解城市轨道交通客流预测方法的评价标准。

城市轨道交通的建设是为了满足城市居民的出行需求，这种需求数量的变化因不同交通状况、路网建设和不同交通方式竞争而呈动态性变化。轨道交通建设的模式和规模既要适应近期城市交通的需求，又要适应远期城市交通发展的要求，预测的客流量是城市轨道交通规划、设计、建设及运营各环节的基本依据。客流预测是城市轨道交通建设的一个重要环节，是城市轨道交通规模设计工作的基础。预测结果的可靠与否直接关系到城市轨道交通的建设投资、运营效率和经济效益。

首先，客流预测是进行轨道交通项目宏观和微观投资决策的依据。从宏观角度看，要对城市轨道交通建设的投资做出合理规划，就必须对城市客运需求的现状和趋势做出科学的判断或预测；从微观角度看，一个具体的轨道交通项目是否值得建设，也必须以未来客运需求为依据才能做出正确的决策。

其次，客流预测是轨道交通项目可行性研究和项目评估的基础。可行性研究和项目评估都涉及项目经济评价，经济评价是对费用、效益的一种科学的比较分析，但是从衡量、计算费用到衡量、计算效益都离不开项目的客流预测。具体而言，一个项目的投资额和运营成本主要取决于在客流预测基础上确定的系数规模，同样，项目建成后运营期内效益如何，也需要借助逐年的客流预测结果才能衡量和计算。如果没有科学、合理的客流预测为基础，就必然低估或高估项目的费用和效益，致使经济评价失去真实性，从而误导投资者和决策者。

另外，客流预测是运营阶段管理方案的基础。在运营阶段，票价变化、运营组织变化、服务水平改变、与其他交通方式衔接变化、发车间隔改变、其他交通方式的服务水平改善等都会影响轨道交通客流大小，需要对轨道交通客流进行精细预测。

一、轨道交通客流预测的内容

客流预测应按不同研究阶段分别预测。

1. 线网规划阶段客流预测

线网总量预测。依据城市总体规划和综合交通规划分析城市现状和规划区域客流，分析和确定远景线网规划承担的客运总量及在公交总量中分担的比例、平均运距、客流负荷强度等相关指标，并在全线网范围内按总量控制原则进行各线客流总量预测。

线路客流预测。以远景线网客流总量为基础，预测各条线路的全日客流（双向）总量、分段断面流量（图）、全日平均运距和客流负荷强度等相关指标，从而进行总量控制分析，并估测各线高峰小时单向最大断面流量。

2. 工程可行性研究阶段客流预测

应按每一条线路项目的设计年限进行初期、近期和远期的客流预测，预测内容应符合下列规定。预可行性研究阶段客流预测可参照执行。

(1) 线网客流预测

在远景线网规划阶段客流预测基础上，预测项目远期设计年限建成的线网规模的全日客流总量、各条线路的全日客流总量和客流负荷强度，并对各条线路的客流进行总量控制与分析。

(2) 线路客流预测

预测各条线路全日客流量和各小时段的客流量及其比例、全日和高峰小时的平均运距及平均客流负荷强度、全日各级运距每分级的乘客量。全日客流量是总体表现和评价运营效益的直观指标，也是进一步评价线路负荷强度的重要指标。各小时段的客流量及比例，是为全日行车组织计划提供依据，在保证运营能力和服务水平的前提下，合理安排行车间隔，提高列车的满载率及运营效益。

(3) 车站客流预测

预测全日和早、晚高峰小时的各车站上下行的乘降客流、站间断面流量以及相应的高峰系数。在大型社会活动期间或节假日、双休日对具有突发客流的特殊车站应单独作特别预测和分析。高峰小时时段的站间最大单向断面流量是确定系统运量规模的基本依据，由此选定交通制式、车型、车辆编组长度、行车密度及车站站台长度。全线高峰小时的站间断面流量是全线运行设计的基本依据，据此可确定区域折返交路、折返列车数量、折返车站位置及配线形式，并计算车辆配置数量。

(4) OD 客流预测

预测全日、高峰小时的各车站站间客流，对跨越不同区域的线路应进行各区域的内外客流预测，并对客流特征进行分析。站间客流数据可以反映出不同区域之间出行特征、线路客流重点集中区段，对轨道交通票制、票价制定、建设投资、运营成本财务、社会经济效益提出项目效益评价意见。

(5) 换乘客流预测

对全日和高峰时段的各换乘车站（含支线接轨站）的换乘客流量及占车站总客流量的比重进行预测，并应预测相关线路之间、不同方位和方向的换乘客流。此项数据对主客流方向的评价很重要，并为换乘形式设计和换乘车站间的换乘通道或换乘楼梯宽度的计算提供依据。

(6) 出入口分向客流预测

根据每一座车站确定的出入口分布位置，预测每个出入口分向客流并分析其波动性，为每个出入口宽度计算提供依据。包括各个车站出入口在不同高峰时段的分担客流。预测可在初步设计阶段车站出入口稳定后进行。

二、客流预测方法

客流预测方法主要有定性预测和定量预测两种，具体方法见图 5-15。

1. 定性预测

主要依赖个人的经验感觉或专家的判断，运用预测者的经验，综合考虑各种影响因素，分析城市轨道交通运营的特点和构成进行预测的一种方法。

这类方法的优点是简便直观，不需要建立繁琐的数学公式，通过研究系统的定性分析，根据专家丰富的经验，对未来的交通需求进行预测。但这类方法的缺点也比较明显，通过定性预测法预测产生的结果往往带有主观色彩。定性预测方法主要有德尔菲法、类推法、头脑风暴法等。

德尔菲法：德尔菲法是依据系统的程序，采用匿名发表意见的方式，即专家之间不得互相讨论，不发生横向联系，只能与调查人员发生联系，通过多轮次调查专家对问卷所提问题的看法，经过反复征询、归纳、修改，最后汇总成专家基本一致的看法，作为预测的结果。

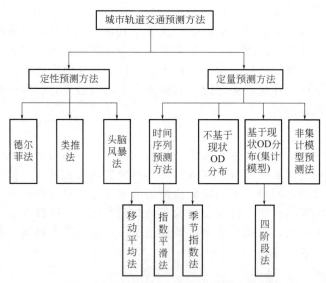

图 5-15 城市轨道交通客流预测方法图

其实施步骤可以分为以下四步：第一步成立专家组；第二步给出所要预测的问题以及有关背景及要求；第三步专家预测结果收集、统计、反馈，进行第二轮预测；第四步是进行第三、四轮预测，综合整理专家意见，得出预测结果。

类推法：类推法是通过不同事物的某些相似性类推其他的相似性，从而预测出它们在其他方面存在类似的可能性的方法。

头脑风暴法：头脑风暴法是让与会者敞开思路，使各种设想在相互碰撞中激起脑海的创造性风暴，综合各方意见后得出结论。其又可分为直接头脑风暴法和质疑头脑风暴法。

2. 定量预测方法

定量预测方法是根据研究数据之间的相互关系，通过一定的数学公式，建立模型，以进行对未来数据的预测，是比定性预测更为科学的预测方法。定量预测方法的优点是预测较为客观，并且可以进行误差分析，同时对于大量的数据分析可以借助计算机进行辅助预测。但是定量预测方法要求有较为完整的原始数据。定量预测方法的种类繁多，目前，用于交通需求预测的定量预测方法主要有时间序列预测法、不基于现状客流分布（OD 分布）的预测方法和基于现状客流分布（OD 分布）的预测方法（四阶段预测方法）、非集计模型预测法。

时间序列预测法：时间序列预测法是完全基于历史数据所显示的特征来推测将来，移动平均法、指数平滑法、季节指数法、自回归分析法等都是时间序列预测法中常用的方法。该类预测方法适用于具有城市轨道交通客流历史数据，并且客流变化规律基本稳定的情况。

时间序列预测法主要有以下 6 个步骤：A. 选择预测参数；B. 收集必要的数据；C. 拟合曲线；D. 趋势外推；E. 预测说明；F. 研究预测结果在制定规划和决策中的应用。

这类预测方法通常具有数学的或统计的性质，它假设预测对象的变化规律基本稳定，发展过程中不存在跳跃式的变化，未来的状况完全取决于以前的状态。因此，当所研究系统的历史数据确实呈现某种依时间变化的统计规律时，用这类方法往往能得到较准确的预测结果。

时间序列预测法以连贯性原理及概率性原理为主要依据，通过对大量历史资料的统计分析，找出历史资料的时间序列中存在的某种规律性，并通过这种规律性，对未来一段时间内的数据趋势进行预测。对于已经存在并且结构未发生重大变化的客运系统，可以直接预测客流量，根据历年客运量平均增长速度，推算未来年运量。然而，对于我国的城市轨道交通而言，运营时间短，历史资料少是目前各个已经拥有城市轨道交通线路城市的客观事实，仅仅通过几年运营数据也无法得出客流量自身所存在的规律性。因此，运用诸如自回归分析法等时间序列预测法进行以后几年的客流预测是比较困难的。

假设某市地铁线网 2015 年已初具规模，2010~2015 年的客运量见表 5-1。

表 5-1　某市地铁 2010~2015 年客运量

年份	2010 年	2011 年	2012 年	2013 年	2014 年	2015 年
全线网年客运量/(人次)	5632300	5919750	6258300	6629320	7087560	7768340

以上各年全线网年客运量平均增长率为 6.65%，可以得到该市地铁年运量的增长曲线。根据年客运量平均增长率及 2016 年全线网年客运量可以预测得到 2017 年客运量为 8285220 人次。

不基于现状客流分布（OD 分布）的预测方法：不基于现状客流分布的预测方法的主要思路是将相关公交线路的现状客流和自行车流量向轨道交通线路转移得到虚拟的基年轨道交通客流；然后按照相关公交线路的历史资料和增长规律确定轨道交通客流的增长率，推算远期轨道交通需求客流量，或者由公交预测资料直接转换为远期城市轨道交通客流量。因此，这一类方法在确定基年轨道交通客流后，主要为趋势外推，在确定规划年轨道交通客流增长率时可采用指数平滑法、多元回归法等方法。

这一模式属于早期模式，受其原理的限制，以现状公交为预测基础，对现状交通特征的反映较为片面，无法考虑城市用地规模、交通设施、出行结构改变上的影响，因此精度较低。由于操作简单，所以目前常用作其他方法预测后的比较验证，或定性分析的辅助手段。

基于现状客流分布（OD 分布）的预测方法（四阶段法）：该方法以现状客流分布（OD 分布）为基础数据，主要预测思路是通过居民出行调查，掌握现状各种交通方式的出行分布，在此基础上预测各规划年份全方式出行交通量，然后通过出行方式划分、交通分配，得到规划期城市轨道交通客流量。此模式遵循交通需求预测的"四阶段"即出行产生、出行分布、方式划分和交通分配，预测精度较高，但对于基础数据要求也相对较高。近年来城市轨道交通规划线网客流预测一般都属于这一模式，并成为该领域的发展方向。上海轨道交通 3 号线、南京地铁 1 号线、西安地铁 2 号线客流预测都采用了此方法。

四阶段法起源于 1962 年美国芝加哥市在进行城市交通规划时的前期客流分布与预测的摸底调查，包括交通发生、交通分布、交通分配三阶段的预测。后由日本广岛市在 20 世纪 60 年代加上对不同交通方式划分的预测形成了完整的四阶段法，即交通发生、交通分布、交通分配和交通方式划分四个阶段，具体的预测流程如图 5-16 所示。

四阶段法基础理论充分，既能反映居民出行与城市土地使用数据之间的关系，又能反馈不同交通方式相互作用对客流分布的影响。四阶段模型以交通小区为基础，按照出行生成预测、分布预测、方式划分和交通分配四个阶段来分析城市现状和未来的交通状况，是目前交通规划领域应用最广泛的方法。

虽然近几十年来，对四阶段模型的研究不断深入，出现了将两个或几个阶段合并进行预测的方法，但从宏观的角度把握城市居民的出行特点，然后分阶段预测分析的思路仍是一致的。依据"方式划分"在四阶段模型中的位置不同，大致可以分成四类模型，如图 5-17 所示。

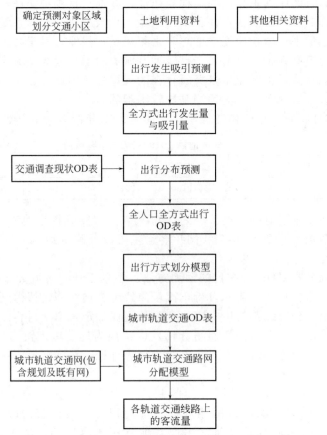

图 5-16 城市轨道交通规划线网客流量四阶段法预测流程

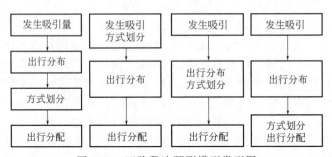

图 5-17 四阶段法预测模型类型图

出行生产预测是指对每一个规划区域内划分的小区产生和吸引的出行数量的预测，即预测每一个小区的各种交通方式的进出交通量，但并不预测这些交通流从何处来到何处去。出行生成预测的基础资料是城市的远景人口和就业岗位数等预测数据，而这些数据又需要根据远景土地利用规划得出。土地利用规划规定了土地的居住、工业和商业等用途，决定了各种用地上发生的各种社会经济活动的强度。根据土地利用规划，可以把交通规划的区域划分成许多交通小区。在已知各交通小区的居住人口数、就业岗位数及家庭人口、收入和私人交通工具拥有数的基础上，可应用出行率法、增长率法、回归模型法等预测方法来预测各个交通小区的出行。

出行分布预测是指从起点小区（O）到终点小区（D）的交通量的预测，未考虑路径及交通方式。出行分布预测方法主要有四大类：增长系数法、重力模型法、机会介入模型法及系统平衡模型法。增长系数法假定将来的交通小区与交通小区之间的出行分布模式与现状的分布模式基本一致,其分布量按其系数增加。增长系数法主要包含平均增长系数法、底特律法、福来特法。重力模型法基本假定是交通小区 i 到交通小区 j 的交通分布量与交通小区 i 的交通产生量、交通小区 j 的交通吸引量成正比,与交通小区 i 和 j 之间的交通阻抗参数如两区重心间交通的距离、时间或费用成反比。根据对约束条件的满足情况,重力模型可分为以下几类:无约束重力模型、单约束重力模型、双约束重力模型。机会介入模型的基本思想是选择某一小区作为目的地进行模型化,所以属于概率模型。系统平衡模型是在以交通吸引源、交通工具及交通设施状况构成的系统中,按照系统本身的内在规律选择其目的地,同时满足供求(产生、吸引)平衡的原则进行分布预测的一种方法,该方法在没有或仅有部分现状 OD 资料的情况下也能使用。

出行方式划分预测是指对每组起、终点间各种可能的交通方式(轨道交通、常规公交、自行车、汽车等)所承担的比例的预测,即决定出行者采用何种交通方式出行。常用的方式划分预测方法为转移曲线法、回归模型法、非集计模型(具有代表性的模型为 Logit 模型和 Probit 模型)。

出行分配预测。交通分配是将每种交通方式的起、终点(OD)之间的客流量通过各自有关的模型网络分配在特定路径上。常用方法有用户优化均衡模型(Wardrop 第一原理)、系统优化均衡模型(Wardrop 第二原理)、非均衡模型。均衡模型原理在理论上结构严谨,思路明确,但其数学模型影响因素、约束条件多,且为非线性规划问题,计算困难。非均衡模型算法简单,容易理解,根据分配方法可分为路段阻抗可变和阻抗不变两类,就路径选择可分为单路径与多路径两类,综合起来可分为四类:最短路分配法、阻抗可变单路径分配法、多路径分配法、阻抗可变多路径分配法。

四阶段法四个步骤(四个子模型)形成一个序列,前一个模型的输出结果为后一个模型的输入数据,最后的子模型提供从起点到终点以及采用某种交通工具行走某条路线的交通流的预测结果,如图 5-18 所示。

城市交通规划四阶段需求预测模型可以以一次出行为例,简单用图 5-19 形象地表示,图中表示了人们决定进行一次出行(生产)、决定去何处(分布)、决定采用什么交通方式(方式划分)和决定选用哪条线路(分配)的整个过程。

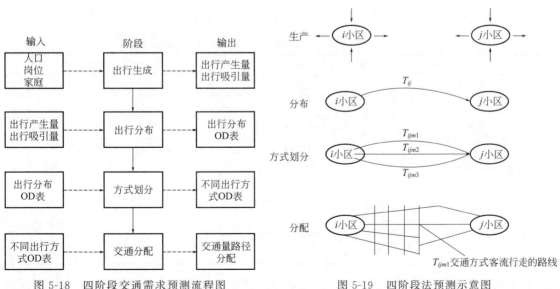

图 5-18　四阶段交通需求预测流程图　　图 5-19　四阶段法预测示意图

非集计模型预测法：非集计模型又称交通特征模型，它以实际产生交通活动的个人为单位，对个人是否进行出行、去何处、利用何种交通工具以及选择哪条路线等分别进行预测，并按出行分布、交通方式和交通线路分别进行统计，得到交通需求总量的一类模型。这一模型在理论上利用了现代心理学的成果，引入了随机效用的概念，其核心是效用最大化理论。它着眼于研究出行者个体的出行行为。非集计模型相比传统模型的优势是，有明确的行为假说、模型的一致性好、模型标定所需调查样本少、模型有较好的时间和地区转移性等特点。其基本假设为：个人将在可能的相互独立的选择肢集合中，选择他认为对自己效用最大的选择肢，即决策者首先选择"可能利用的选择肢群"，其次选择"对其效用最大的选择肢"。利用非集计模型进行居民出行的分析和预测是继四阶段法后出现的构造交通需求预测模型的新方法。

在城市客流预测中，具有代表性的非集计模型就是 MNL 模型。MNL 模型是在以下四个假设条件下得出的。

所有出行者具有相同形式的效用函数；

效用函数的参数不随出行者的不同而改变，是相对稳定的；

每个出行者对于不同选择单元的效用函数随机部分的各分量是相互独立的；

效用函数随机部分的各分量服从相同的 Gumhel 分布，即分布函数为：

$$F(\varepsilon) = \exp[-\exp(-\varepsilon)]$$

出行者选择效用函数值最大的选择单元。

基于以上的假设条件，可得到 MNL 模型的基本方程式如下：

$$p_n(i) = \frac{\exp(V_{in})}{\sum_{j \in C_n} \exp(V_{in})}$$

式中，V_{in}——个人 n 对选择肢 i 的效用函数；C_n——选择肢的集合。

集计模型（四阶段预测法）与非集计模型相比较，集计模型是一类传统的基于集合行为模型的交通需求分析方法，其预测过程包括出行生成、出行分布、方式划分和交通分配四个阶段；而非集计模型是以出行者个人而非交通小区作为研究对象，以随机效用理论、出行效用最大化理论为研究基础。两类方法在分析单位、模型参数标定方法、适用范围、政策表现能力等方面均不相同，同时在数据的使用效率和自变量的导入可能性等方面存在差异。表 5-2 表示集计模型（四阶段预测法）与非集计预测模型比较表。

表 5-2　集计模型（四阶段预测法）与非集计预测模型比较表

项目	集计模型（四阶段预测法）	非集计模型
调查单位	单个出行	单个出行
分析单位	小区	个人
调查效率	需要的样本数多	需要的样本数较少
因变量	小区统计值	个人的选择结果（离散量）
考虑个人属性的难度	困难	容易
模型标定方法	回归分析等	极大似然估计法等
计算工作量	比较小	比较大
适用范围	以小区为基础的区域	任意
政策表现能力	小区平均值的变化	各个自变量的变化

集计模型的优点：四阶段预测方法理论成熟。建模层次分明，便于理解。有众多成熟的

商业软件支持，应用广泛，如 TransCAD、EMME/2 等，在城市轨道客流预测中方便使用。

集计模型的缺点：模型的建立缺少明确的行为假说，说服力弱。交通活动的每一次出行被分解成生成、分布、方式选择和分配四个阶段，各阶段之间的一致性不好；也不能考虑一天中多次出行的相互关系和各种约束条件，用于预测时无法考虑反馈效果。模型多取决于建立者的主观决定，缺少严密的统计方法。难以用来估测个人特性和选择肢特性的局部变化和各种交通政策变化的影响。模型具有很强的地区及时间上的局限性，在某时某地建立的模型难以推广到其他时间和地点去应用。为了得到较好的模型需要大量的调查数据，这导致了经济上和时间上的限制。

非集计模型的优点：非集计模型以明确的行为假说为基础，逻辑性强。可以用较少的样本标定出模型的系数，并可对所求得的参数采用统计学方法进行检验。可以选用许多与个人决策相关的因素作为自变量，从而可以对多种交通规划、交通政策进行效果评价。模型具有较好的时间转移性和地区转移性。

非集计模型的缺点：实际交通规划要求的是以地域为单位的集聚结果，由于在非集计模型中说明变量的未来值不可能全都知道，因此以其近似值得到的集聚结果肯定会有误差。当然，集计模型也面临着同样问题，只是在表面上被掩盖了而已。

一般来说，影响交通行为的决定性因素是交通服务水平，而交通服务水平又随交通需求量的变动而变动。所以，在进行预测时，通常要求得到交通服务水平与交通需求量的平衡点。但是，用非集计模型，在现阶段还只能依靠反馈解法进行反复计算。要想求得较严密的平衡点则计算量过大。

要想得到好的模型，在自变量的选择上花费的时间要比集计模型多。标定模型的参数时采用极大似然估计法。这种方法和与之对应的评价方法对许多人，尤其是交通规划决策人员来说较难理解。

三、轨道交通客流预测方法的评价标准

客流预测是城市轨道交通建设规模决策的主要依据，预测相对可信度评价标准主要是定性的，一般包括以下几个方面：

① 客流预测的依据和背景资料来源清楚、有据可查；
② 客流预测的技术路线清晰，选用参数经过推算论证、纵横比较，相对合理；
③ 客流预测的年限和范围正确，已建或规划的线路关系明确；
④ 客流预测的内容完整，数据齐全，对预测成果经分析论证，从量级上宏观判断，基本可信；
⑤ 对预测客流进行敏感性分析，波动幅度较小。

下面选取国内部分城市轨道客流预测中所使用的方法，进行实例分析。

1. 出行生产预测使用方法

广州：广州1号线采用的是根据交通小区用地类型的不同建立回归模型。"广州地铁近期轨道交通网络客流研究"相关资料中采用以人口和岗位确定小区吸引或产生率的办法得到发生与吸引量。

南京：南京城市轨道交通建设规划客流预测，根据出行特征分类确定每类的产生与吸引率，再考虑区域系数得到发生与吸引总量，强调总量控制法。

深圳：参考深圳地铁2号线客流预测，采用交叉分类对每一类出行标定吸引率，得到出行发生吸引量。

杭州：参考杭州地铁1号线工程客流预测报告，根据用地不同、出行目的的不同确定吸

引率的方法得到发生与吸引量。

2. 出行分布预测使用方法

广州：参考广州地铁1号线客流研究，采用分层分布的方法得到出行分布。分层为本区-本区采用增长率的方法得到分布；本区-强连接区采用修正的分布系数得到分布；本区-其他区采用重力模型得到分布。"广州地铁近期轨道交通网络客流研究"中出行分布采用双约束的重力模型。

南京：参考南京城市轨道交通建设规划客流预测，采用双约束重力模型。

深圳：参考深圳地铁2号线客流预测，采用综合效用重力模型得到出行分布。

杭州：参考杭州地铁1号线工程客流预测报告，采用重力模型得到出行分布。

3. 方式划分预测使用方法

广州：参考"广州地铁近期轨道交通网络客流研究"中采用Logit模型得到方式结构。

南京：参考南京城市轨道交通建设规划客流预测，采用改进的Logit模型得到方式结构，其中步行采用转移曲线，出租车采用组团内部与组团间不同比例确定，对于自行车、公交车、小汽车采用改进的Logit模型方式划分。

深圳：参考深圳地铁2号线客流预测，采用二元对数模型划分方式结构。

杭州：参考杭州地铁1号线工程客流预测报告，采用转移曲线得到方式结构。

4. 交通分配预测使用方法

广州：参考广州地铁1号线客流研究，直接将交通分配和交通方式划分结合在一起得到轨道交通的站间OD。"广州地铁近期轨道交通网络客流研究"中采用多路径公交分配的方法得到预测结果。

南京：参考南京城市轨道交通建设规划客流预测，采用最优战略法得到分配结果。

深圳：参考深圳地铁2号线客流预测，采用多矩阵综合费用平衡分配，将公交车流和道路网络的机动车流统一分配得到轨道流量。

杭州：参考杭州地铁1号线工程客流预测报告，采用最优战略法得到分配结果。

第三节 城市轨道交通车站客流组织

【学习目标】

1. 掌握城市轨道交通乘客乘车流程及流线、需求和客运设施的分析方法。
2. 掌握城市轨道交通乘客进站、购票、检票、候车、乘车、验票、出站、换乘的乘客需求和客运服务设置要求。
3. 理解城市轨道交通客流组织原则。
4. 掌握城市轨道交通日常客流组织措施，包括进站、出站、换乘客流组织。
5. 掌握城市轨道交通网络化运营的客流组织。

城市轨道交通以其安全、快速、舒适、环保的优势成为越来越多市民出行首选的交通工具。随着城市轨道交通网络化的形成，轨道交通承担城市出行客流量的比重逐步增大，车站的进出站客流量迅速增加，已建成车站的空间有限，与单位时间内因客流增加造成的车站可用空间不足形成矛盾，解决这一矛盾的有效手段就是合理的客流组织。客流组织是为实现乘客运送任务，组织乘客按照预先设定的路线有序、安全地流动所采取的对应措施。

一、乘客乘车流程及流线、乘客需求和客运设施分析

1. 乘客乘车流程

按照乘客乘坐地铁在付费区与非付费区内的流程，将乘客乘车的流程分解为如图 5-20 所示的作业流程。具体为：乘客从出入口进入车站后先到站厅层购票，然后在进站闸机处刷卡检票进入付费区，后到站台层候车，待列车到达后上车，到达目的车站下车，下车后从站台层到达站厅层，在站厅层出站闸机处检票出闸，通过导向标志指引选择正确的出入口出站。

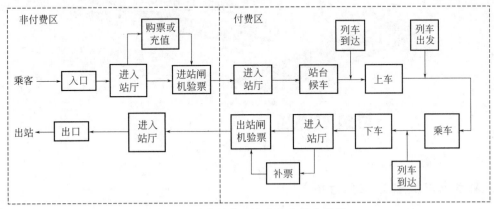

图 5-20　乘客乘坐轨道基本的流程图

2. 车站客流流线

城市轨道交通流线按照方向不同分为进站和出站两大流线，交通流线一般在普通车站比较有规律，但在城市综合交通枢纽如火车站等换乘车站客流流线较复杂。交通流线的规划、疏解是车站客流组织的关键。

图 5-21 为城市轨道交通常规车站的客流流线图，客流组织较为方便，在付费区内乘客流线无明显交叉现象，非付费区进、出站流线分明，出站检票机至出入口通道路径短，乘客能迅速出站，2 个非付费区之间的联系通道为出站乘客选择出站通道提供了便利。这种站厅

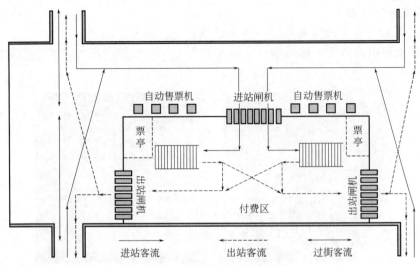

图 5-21　车站客流流线图

布局已在城市轨道交通车站设计中普遍采用。图 5-22 为某地铁 2 条线换乘车站立体布局图，车站共有 3 层，分别为站厅层、第 1 条线站台层、第 2 条线站台层。

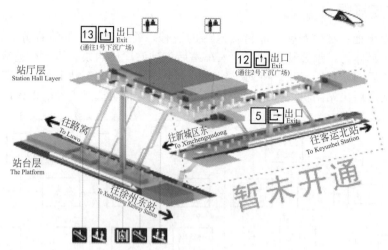

图 5-22　车站立体布局图（1）

3. 乘客需求及客运设施分析

城市轨道交通系统乘客，在乘车的不同阶段具有不同的需求，应根据乘客的实际需求设置相应的客运服务设施，并采取对应组织措施。

以下按照乘客乘坐地铁的流程，从乘客需求角度出发考虑对应的客流组织措施。

（1）进站

市民需要乘坐城市轨道交通，进站是第一步，在进站过程中，分析乘客需求，确定对应客流组织措施。

1）乘客需求

乘客到达城市轨道交通车站方便、易达；城市轨道交通出入口容易找到；城市轨道交通导向系统指示明确、清晰、易懂。

2）客运设施设置要求

出入口与其他交通方式换乘方便，换乘设施齐全、完善；

城市轨道交通出入口导向标志醒目，在车站外 200 米范围内设置连续指引导向标志，如图 5-23 所示。

图 5-23　轨道交通站外指引导向标志

出入口位置设置合理，方便乘客到达，将出入口与周边物业、设施相结合，吸引客流，如图 5-24 所示。

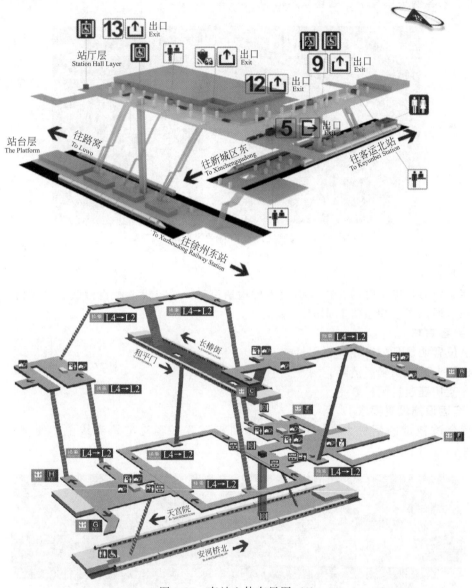

图 5-24　车站立体布局图（2）

(2) 购票

进入车站的乘客可以通过购买单程票或刷储值卡（一卡通）进入付费区乘车。单程票可以通过自动售票机或人工购买，储值卡可以通过自动售票机（TVM）或半自动售票机（BOM）充值。自动售票机、票务中心的位置、数量设置合理，处于乘客进站流线上，如图 5-24 所示。

1）乘客需求

进入车站后能够较快买到单程票，购票等待时间短；

自动售票机导向标志醒目；

在购票过程中遇到问题（卡票、卡钱、兑零）能够较快处理。

2）客运设施设置要求

在非付费区设置一定数量的自动售票机（图 5-25）和票务中心（人工处理票卡、兑零），用于乘客购买单程票、处理票卡和兑换零钱。

图 5-25　轨道交通车站自动售票机（TVM）

(3) 检票

乘客购票后，进站时需在检票机上进行检票进站，经过检票闸机检票后进入付费区，单程票和一卡通均需在检票机上刷卡。

1）乘客需求

闸机位置明显且配有相应指引标志；

闸机刷卡区域明确、清晰；

乘客能快速通过闸机。

2）客运设施设置要求

设置合适数量的闸机（图 5-26），并将闸机设置在客流进站流线上，便于进站客流组织；

图 5-26　轨道交通车站自动检票机（AGM）

闸机的通过能力与车站客流量相匹配；

闸机位置醒目、进站闸机指示明确。

(4) 候车

见图 5-27。

乘客检票经过闸机后，进入付费区，到达站台候车。

图 5-27　车站站台导向及候车组织

1）乘客需求

方便、快速到达站台候车；快速找到需要乘车的方向；对等待即将到达的列车时间清楚；站台候车过程中能够保证自身安全。

2）客运设施设置要求

在付费区设置楼梯、自动扶梯，使乘客能够方便到达站台；站台上设置适量的座椅，让乘客耐心候车，便于体弱乘客休息（图 5-28）；安装屏蔽门，屏蔽门可以为乘客提供一个舒适的候车环境，能够保障乘客在站台的候车安全；采用自动广播系统和 PIS（乘客信息显示系统），通过 PIS 显示屏可以看到下趟列车的到站时间。列车即将到站时，自动广播播放列车到站信息；站台上方设置明确、醒目的列车运行方向（上行、下行）导向标志。

（5）乘坐列车

1）乘客需求

列车运行平稳；

车内不拥挤，整洁舒适；

了解列车运行及到站信息。

2）客运服务要求

司机驾驶技术娴熟，驾驶平稳、对标准确；

车内有轨道交通线路图；

图 5-28　站台候车座椅

列车符合运行标准，车内灯光配置合理，座位舒适；

列车广播信息及时准确。

（6）下车验票

乘客乘坐轨道交通下车后，需要验票出闸（图 5-29、图 5-30）。

1）乘客需求

出站闸机指示清楚，容易找到；

不同出闸方向对应的出入口及周边信息清楚；

出站验票手续简单；

图 5-29　出站闸机指引

图 5-30 出站闸机旁的票务中心

出站验票遇到票卡问题能够快速处理。
2）客运设施设置要求
出站闸机的位置需结合出入口方向、乘客出站流线来设置；
出站导向标志清晰，易判断出站方向；
在出站闸机附近设置票务中心用于处理出站票卡问题；
闸机上的出站验票刷卡、投卡标志需清晰、醒目。

（7）出站
乘客验票出闸后，通过出入口离开车站。
1）乘客需求
能够快速找到出站目的地对应的出入口；
出站后方便换乘其他交通方式到达目的地；
出站后易到达大型办公、商业、娱乐场所。
2）客运服务设置要求
出入口导向标志醒目（图 5-31），站内有各出入口通向地面周边设施的导向说明；
出入口靠近公交车站；
车站在不同街区设置出入口，允许出入口兼作过街隧道或天桥。

（8）换乘
乘客从城市轨道交通一条线路换乘至另一条线路或换乘至其他交通方式。
1）乘客需求
换乘距离短、换乘方便、节省时间；
换乘方向明确；
换乘通道照明适度、环境舒适；
换乘至其他交通方式容易找到。

图 5-31 出入口导向标志

2）客运服务设置要求
换乘通道短、换乘客流组织措施得当，使换乘人流不产生较大对冲和交叉；
换乘导向标志正确、清晰、完善，见图 5-32。

二、城市轨道交通客流组织原则及措施

1. 城市轨道交通客流组织原则

在车站客流组织中,应贯彻执行以下客流组织原则:
① 防止客流对冲、减少客流交叉原则;
② 合理设置导向指引标志,优化导向系统;
③ 客流流线组织贯彻"右行原则";
④ 考虑乘客"就近习惯"原则;
⑤ 消除客流"瓶颈"原则;
⑥ 贯彻"出站优先"原则;
⑦ 换乘衔接一体化原则。

图 5-32　车站换乘导向标志

2. 在车站布置售检票设备的原则

① 检票位置与出入口、楼梯应保持一定距离。售检票位置一般不设置在出入口、通道内,并尽量与出入口、楼梯保持一定的距离,从而保证出入口和楼梯的畅通;
② 保持售、检票位置前通道宽敞。售、检票位置一般选择站厅内宽敞位置设置,以便于售检票位置前客流的疏导;售、检票位置应适当保持一定距离,避免排队时拥挤;
③ 售、检票位置根据出入口数量相对集中布置。因轨道交通车站一般有多个出入口,为了减少乘客进入车站后的行走距离,一般设置多处售检票设备。但过多设置售检票的位置容易造成设备使用的不平衡,降低设备使用效率,并且不利于管理,因而售检票位置应根据车站客流的大小相对集中布置;
④ 应尽量避免客流的对流及交叉客流的对流,以免减缓乘客出行的速度,同时也不利于车站的管理,因此车站一般对进出客流须进行分流,使进出车站检票位置分开设置,保持乘客经过出入口和售检票位置的线路不至于发生对流。

3. 日常客流组织措施

(1) 进站客流组织

1) 进入车站

组织乘客进站的注意事项及客流组织措施:

① 组织引导乘客经出入口、楼梯、自动扶梯(或垂直电梯),通过通道进入车站站厅层非付费区。该部分客流组织的关键环节是出入口客流组织。地下车站出入口一般均设置电扶梯和楼梯,电扶梯的方向可以根据需要进行调整。如果只有一部电扶梯时,一般将该部电扶梯调为向上方向,为出站乘客提供便利,避免出站乘客爬楼梯,并利于出站乘客快速疏散。楼梯根据宽度和该出入口客流大小设置相应的隔离栏杆,如图 5-33 所示。出入口客流组织应结合实际的客流大小情况,当车站设施能够满足客流需求时,采用正常的客流组织方法,各个出入口全部开放,进出站客流不需隔离分流,进出站乘客在楼梯上可混合行走。当出入口客流较大时,在出入口楼梯、通向站厅层的通道内设置分流隔离设施,确保进出站客流不相互干扰,不发生客流冲突。

② 对于经过通道与站厅连接的出入口,当客流较大时,可在通道内进行组织排队,当客流过大时,需采取在出入口限流,分批放行乘客进站或临时关闭出入口等措施。如图 5-34 所示,为在预测客流较大的出入口设置限流栏杆,通过限流栏杆可减缓乘客的进站

速度，并便于限流措施的实施。

图 5-33　车站楼梯进出口站隔离栏杆

图 5-34　车站出入口限流栏杆

③ 对于与商场、物业连接的出入口，应考虑客流组成和出行特征，当客流较大时，应根据双方协议与相关单位共同制定的措施组织客流。与商场物业结合的出入口通道需与商场物业方商谈确定出入口开关时间，签订双方认可的协议，便于物业结合出入口的开关时间统一管理。

2）购票

组织乘客购票的注意事项及客流组织措施：

① 组织引导部分需要购买单程票的乘客到自动售票机（TVM）、票亭半自动售票机购票。客流组织的关键环节是通过合理导流设施设置，使乘客有序排队购票，并且购票队伍不影响正常进出站客流。

② 在自动售票机或票亭前组织乘客有序排队购票、充值，车站一般可利用导流带、铁马等隔离设施进行排队组织，排队方向应以不影响其他正常乘客通行为宜。当排队乘客较多时，可在站厅非付费区加开临时票亭，安排人工售卖预制单程票，同时需做好广播宣传和引导，将购票乘客进行分散。

③ 在组织自动售票机、临时票亭购票时，要充分利用各类售票点，让乘客分散购票，避免乘客大量集中于少量售票点处。当需要乘客排队购票时，可利用迂回隔离栏杆在站厅客流较少的空间组织乘客排队。

④ 在单程票售票量较大的车站，运营前需将自动售票机票箱加满，运营期间通过车站及票务计算机实时监控自动售票机内票箱票卡数量，利用客流低峰时段，对车票较少的票箱进行填补。在票亭半自动售票机上预处理车票，高峰时就不用再更换票箱和预处理车票，减少对高峰期购票速度的影响。

3）检票进闸

组织乘客检票进闸的注意事项及客流组织措施：

① 当乘客购票后，引导已购票乘客和部分持储值卡、计次票的乘客直接通过进站闸机刷卡检票进入付费区。乘客刷卡进站时，应宣传指引乘客右手持卡（单程票），站在闸机通道外，排队按次序刷卡进闸。

② 对于无票乘客，引导其至自动售票机或半自动售票机前购票，再检票进闸。

③ 当有大量乘客进闸时，车站需宣传组织进闸乘客有序进闸，防止乘客聚集在一起，出现争抢进闸现象，避免因乘客误刷卡进不了站或出不了站的情况发生。

④ 在乘客排队进闸过程中，队伍不得影响出闸乘客，排队不能阻挡出站客流，以确保出站乘客的顺利出站。

⑤ 持有大件行李的乘客应引导走宽通道闸机或协助乘客将行李通过车站边门进入。

⑥ 对于携带儿童（不需购票）的乘客，应宣传引导儿童走在大人前面通过闸机或大人将儿童抱起通过闸机，避免闸机开关伤到小孩。

⑦ 车站根据进出站客流实际情况，可对双向闸机的方向进行调整，以便于更好地组织客流，调整时须保证优先满足出站客流的需求，同时尽量减少进出站客流的交叉，提高客流组织效率。

4）组织候车

组织乘客候车的注意事项及客流组织措施：

① 乘客进入付费区后，通过导向标志、告示、隔离栏杆等措施组织引导乘客通过楼梯、自动扶梯（垂直电梯）进入站台层候车，在地铁车站站厅层设置伸缩导流栏杆，引导进入付费区的乘客快速到达站台候车（对于新开通地铁试运营初期）。为自动扶梯下方设置铁马导流，其作用一是可以减少乘客拥挤在电扶梯口，将乘客疏散引导至站台均匀候车，避免电扶梯处产生拥挤堵塞，二是防止乘客抢上抢下。

② 乘客到达站台，通过导向标志和乘客信息显示系统指引乘客选择乘车方向和了解列车到站时间，为确保站台乘客候车安全，广播宣传组织乘客在安全区域候车。

③ 站台设有屏蔽门，在列车到站之前，车站工作人员需提示乘客远离屏蔽门、不要越过安全区域，引导乘客在安全区域按箭头方向排队（若有屏蔽门故障，组织乘客到其他屏蔽门对应的安全区域处排队候车）。站台工作人员疏导聚集在一端的乘客到乘客较少的地方候车，关注乘客动态，提醒乘客不要倚靠屏蔽门。

④ 对于没有屏蔽门的车站，应广播宣传"请乘客站在黄色安全线内候车，不要探身瞭望，以免发生危险"。

⑤ 站台候车区域需加强安全管理，站台岗站务员工作中要加强站台巡视，注意候车乘客动态，发现有可疑情况，如携带各种危险品危及乘客和行车安全的情况，必须及时处理和上报。站台无车时，站台岗要来回巡视站台，重点检查屏蔽门及端墙门状态、消防器材、电扶梯运转情况、轨行区（有无漏水、异物等），同时引导乘客到人数较少的地方候车。监控屏蔽门状态时，如发现屏蔽门有异常动作危及行车安全的情况，站台工作人员应立即按压紧急停车按钮并上报。

⑥ 对于楼梯边缘与站台边缘较近的区域，应尽量疏导乘客不要在此处滞留，保证足够的通行空间，防止此处拥挤发生意外事件。

⑦ 当有乘客物品掉入轨行区，要阻止乘客跳下站台捡拾物品，及时向乘客做好解释和安抚，并报告行调，经行调同意后使用专用工具（拾物钳）将物品从轨行区捡起后交予乘客。

5）乘降客流组织

组织乘客乘降的注意事项及客流组织措施：

① 列车进站时，站台工作人员在紧急停车按钮处立岗接车。

② 列车停稳开门乘客乘降时，站台工作人员在扶梯口或楼梯口等人较多的地方，提醒乘客先下后上，注意脚下安全，对下车乘客迅速疏导出站。

③ 列车关门时（关门提示铃响、提示灯闪烁），站台工作人员及时阻止乘客抢上抢下，劝乘客等待下次列车，防止车门、屏蔽门夹伤乘客或影响列车晚点，加强瞭望，及时处理突发事件。

④ 列车关闭车门、屏蔽门后，要观察车门、屏蔽门的关闭状况，当发现车门、屏蔽门未正常关闭时，若乘客或物品被车门夹住时，应呼叫司机，重新开启车门、屏蔽门后，将乘客所夹物品取出，若为车门、屏蔽门本身设备故障，按照相应屏蔽门应急处理程序处理。

⑤ 列车关门动车时，站台工作人员需在紧急停车按钮处立岗，目送列车出站。列车在出站过程中，发现异常危及行车安全时，站台工作人员立即按压紧急停车按钮、呼叫司机并报车控室。

（2）出站客流组织

1）验票出闸

组织乘客验票出闸的注意事项及客流组织措施：

① 乘客下车后到达站台，组织引导乘客通过楼梯、自动扶梯（或垂直电梯）进入站厅层付费区。

② 站厅付费区设有导向标志，付费区出站导向标志提示各出入口周边环境建筑设施、道路信息，乘客根据出站指引导向标志，选择正确的出闸方向通过出站闸机验票出闸。当乘客使用一卡通时，指导乘客右手持卡，在闸机通道外刷卡出闸；当乘客使用单程票时，指导乘客右手持票，将车票投入回收口，验票通过闸机。当大量乘客集中出闸时，要组织乘客有序出闸，必要时可采用限流措施减缓出站速度，避免多人争抢出闸造成卡票、误刷卡等情况。对进闸客流与出闸客流共用区域的车站，应减小进站客流对出站客流的负面影响，优先保证出站客流快速、顺畅出站。

③ 当乘客不能正常出闸时，组织引导车票车资不足、无效车票或无票乘车的乘客到票亭办理相关乘客事务，待乘客办理完毕后方可组织出站。

2）出站

组织乘客出站的注意事项及客流组织措施：

乘客通过出站闸机（单程票出闸时将其回收）或人工检票出闸（人工回收），进入站厅层非付费区，站厅非付费区设有导向标志（各个出入口周边道路、大型建构筑物），通过导向标志或人工问询服务组织乘客找到所要到达目的地的出入口，经通道、出入口楼梯、自动扶梯（或垂直电梯）出站。出站客流组织应坚持以尽快疏散乘客出站为原则，防止出站与进站客流产生明显对冲和交叉，为使乘客较快疏散和方便乘客出站，出入口电扶梯一般调为向上方向。为防止出站口及出站通道内人员滞留影响正常疏散，在出入口上方及通道避免摆摊、宣传等活动，车站工作人员需定期巡视检查，发现通道及出入口有摆摊、宣传、卖艺等人员时及时驱赶出车站，如不听劝阻者报告地铁执法部门或地铁公安。

（3）换乘客流组织

换乘站一般客流比较大，同时客流流线复杂，客流组织相对于其他车站较为复杂。换乘站根据不同的换乘方式在客流组织管理上应注意采用不同的方法，总体的客流组织原则是组织好换乘客流、缩短换乘路径、减少换乘客流与进出站客流的交叉、干扰。

① 按照换乘的地点区分，客流换乘主要有两种：

付费区换乘。乘客到达换乘站下车后，不需要通过出站闸机，直接在付费区内根据换乘导向标志指引经楼梯、自动扶梯（或垂直电梯）、换乘通道或换乘平台等到达另一站台层换乘候车。付费区换乘一般包括同站台平面换乘、站台立体换乘及通道换乘。这种换乘组织要求有良好的导向标志和通道设计，在容易出错的地点安排工作人员引导，保证乘客尤其是初乘者安全顺利完成换乘，在客流组织措施中还应尽量避免换乘客流与进出站客流产生对冲和交叉。

非付费区换乘。乘客到达换乘站下车后，根据换乘导向标志指引，经楼梯、自动扶梯（或垂直电梯）到达站厅层付费区，通过出站闸机进入非付费区或出站，到另一线路重新进入付费区或进站换乘。这种换乘组织需要最大限度缩短乘客的行走距离，良好地衔接引导标志,并且避免这部分客流与其他客流的交叉干扰。该种换乘形式需要出闸并再次购票进站,换乘手续繁琐、耗时较长,一般较少采用,因线网规划不合理或后期线网改造等情况需要采用此类换乘形式时,换乘沿线醒目、合理的导向标志至关重要。

② 按照换乘方式区分,换乘客流主要有以下五种方式:站台换乘、站厅换乘、通道换乘、站外换乘和组合换乘。

站台换乘客流组织。站台换乘有两种方式:同站台换乘和上下层站台换乘。同站台换乘是指两条不同线路的站线分设在同一站台的两侧,乘客可同站台换乘。这种换乘方式适用于两条平行交织的线路,为方便客流组织宜采用岛式站台设计,要求站台能够满足换乘高峰客流量的需要,乘客无需换乘行走,换乘时间最短,但换乘方向受限。双岛式站台只能实现4个换乘方向的客流在同站厅换乘,单岛式站台每一层只能实现2个方向的换乘客流,其余换乘方向的乘客仍然要通过站厅或自动扶梯、楼梯进行换乘,换乘时间相应增加。在所有换乘方式中,同站台换乘的换乘能力最大,适用于优势方向换乘客流较大的情形。这种换乘方式的主要制约因素是站台的宽度与列车行车间隔,因此客流的合理组织还与站台宽度及列车行车间隔密切相关。上下层站台换乘是指乘客由一个站台通过楼梯或自动扶梯到另一站台直接换乘。根据地铁线路交叉的情况及两车站的位置,可形成站台与站台的十字换乘、T形换乘、L形换乘和平行换乘模式。

站厅换乘客流组织。站厅换乘是指乘客由一个站台通过楼梯或自动扶梯到达另一个车站的站厅或两站共用站厅,再通过站厅前往另一站台乘车的换乘方式。站厅换乘一般用于相交车站的换乘,换乘距离比站台直接换乘要长。若换乘过程中需要进出收费区,检票口的能力成为制约因素。

通道换乘客流组织。通道换乘是指在两个或几个单独设置车站之间设置联络通道等换乘设施,方便乘客完成换乘的方式。通道可直接连接两个站台。这种方式换乘距离较近,换乘时间较短。通道还可连接两个站厅收费区,换乘距离相对较远,换乘时间较长。一般情况下,换乘通道长度不宜过长,换乘通道的宽度可根据客流状况加宽。

站外换乘客流组织。站外换乘是指乘客在车站付费区以外进行换乘,换乘至另一条线路时需要重新购票,此种换乘方式往往是客观条件不允许或设计不当造成的。乘客换乘路线可分割为出站行走、站外行走及进站行走。该换乘方式需要在站外换乘路线上设置连续的换乘导向标志,并在沿途道路上搭建遮风避雨的顶棚,尽可能为乘客提供方便。在所有换乘方式中,站外换乘所需的换乘时间和换乘距离最长,给乘客的换乘带来很大不便,应尽量避免。

组合式换乘客流组织。上述两种及两种以上换乘方式组合而成的一种换乘方式,实践中往往是几种换乘方式的组合,以便使所有换乘方向的乘客均能实现换乘。

③ 根据城市轨道交通换乘系统的构成,改善换乘客流组织的措施可以分为空间资源整合与时间效益优化两类,具体如图5-35所示。

空间资源整合是通过对各种换乘设施进行优化设计,缩短换乘行走距离,减少换乘流线间的干扰,优化换乘导向标志,使得人流在换乘站有序、安全、畅通的流动,换乘衔接紧密。时间效益优化主要是通过对轨道交通模式内和模式间换乘占用的时间资源进行优化设计,利用计算机系统和信息技术,进行列车时刻表的协调和优化,减少换乘等待

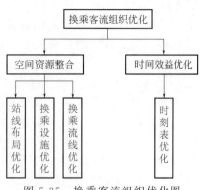

图5-35 换乘客流组织优化图

时间。同站台换乘是空间资源整合措施的典范，而定时换乘系统则是时间效益优化的代表。

(4) 网络化运营的客流组织

轨道交通形成网络后，客流组织将会更加复杂，客流组织的重点在换乘站。根据换乘区域设立的位置，换乘客流可细分为收费区内或收费区外换乘客流。在大型换乘枢纽站，还涉及其他交通方式之间的换乘衔接。

1) 网络化运营客流特点

① 网络规模效应使得客流快速增长。轨道交通网络形成后，乘客在网络覆盖的地域内均可快速抵达，越来越多的乘客被吸引，其规模效应逐渐显现出来，客流总量也呈现总体快速上升的趋势。

② 网络效应增加，线路间的相互影响增大。网络化运营时，客流出行特征将不再是简单的单向流动，而是多方向的流动；线路间客流也不再具有单线运营时的相对独立性，而是由组成网络的众多线路间的客流构成相互影响、相互作用的庞大客流系统。一旦某条线路发生行车故障，将通过换乘车站影响邻线的正常运营，造成严重的客流阻塞，甚至波及整个运营网络的正常运营。

③ 换乘站客流组成复杂。城市轨道交通换乘站内线路的敷设方式不同，站厅与站台布置方式不同，导致了线路和线路之间客流换乘方式的多样化。如站台换乘、站厅换乘、通道换乘、混合换乘等多种形式。

2) 网络化运营客流组织

① 运营全盘考虑、统筹兼顾。网络运营条件下的列车运行计划编制，须重点考虑换乘车站，尤其是大型换乘枢纽的运营计划，各条运营线路应根据不同线路的客流量来制定换乘车站各方向列车的到发点，尽量做到各条线路到发客流与其列车运能相匹配。在制定换乘站的运营计划时，还应考虑不同线路之间的列车运行间隔时间，最大限度地减少乘客在站台上的停留时间。

② 换乘车站统一管理。大型换乘枢纽站，不仅客流量大，而且客流组成复杂，为应对客流出行特征的变化、满足未来乘客出行的需求，要求对换乘站所涉及的多条线路实行统一的运营管理，实现换乘枢纽车站管理的统一性、完整性。统一的线路管理将有利于为乘客提供完整的信息服务支持和优质、统一、标准的客运服务。

③ 合理布置车站售检票设备。车站自动售检票设备的布局将直接决定客流的流动线路，其合理的布局是保证客流快速流动的重要条件。换乘车站具有出入口多、车站规模大的特点，车站设备的布置更要考虑客流的走向，使各种形式的客流尽量减少相互间的对冲与交叉干扰。在换乘车站，特别是站厅换乘的车站，由于受到车站可利用空间的限制，不能盲目、简单地进行付费区设置，应充分考虑乘客售检票、换乘、进出站等不同的流动目的，进行车站整体布置。

④ 换乘导向系统需加强优化。换乘车站对涉及换乘的导向标志和乘客信息显示系统要充分考虑换乘客流的需求，合理确定导向的位置，准确明晰地制定导向的内容。在导向信息的分布中，首先要强调主要信息，如换乘方向、线路的分布等，其次也应发布一些乘客可能需要了解的信息，如出入口的周边信息、首末班车时刻等。

⑤ 利用网络的通达性，合理引导客流。轨道交通网络形成后，各条线路因换乘站而连接成网，任何两车站之间的路径可有多种不同的选择。一旦某条线路发生了列车故障，为减少单点故障对乘客的影响，运营单位除了积极采取应急措施外，还可以充分利用轨道交通网络，避开故障区域，尽可能减少故障影响，同时还应及时加强对全网客流的引导、组织，引导乘客通过其他路径迂回、避开故障区域。

第四节　城市轨道交通特殊情况客流组织

【学习目标】
1. 理解城市轨道交通大客流的定义、主要表现、形成特点，以及可预测大客流组织特点。
2. 掌握城市轨道交通突发事件客流组织的定义、处理措施。
3. 掌握城市轨道交通乘客紧急疏散客运组织要点，隧道区间乘客紧急疏散客运组织要点。
4. 掌握城市轨道交通列车清客客运组织流程。
5. 掌握城市轨道交通雨天、火灾等特殊情况下的客运组织。

一、大客流组织

1. 概述

大客流是指在某一集中时段集中到达，客流量超过车站正常客运设施或客运组织措施所能承受的流量时的客流。

大客流主要表现：非常拥挤或极度拥挤、乘客流动速度明显减缓、客流交叉干扰严重、对乘客正常的出行造成不利影响、对运营安全造成威胁。

根据车站大客流形成特点，可将大客流分为可预见性大客流和不可预见性大客流。一般情况下，通过搜集信息、总结历史客流数据，对车站的大客流是可以预见的，但也有少数突发性大客流是无法预见的，以下分别就可预见性大客流和不可预见性大客流分析客流特点，并阐述应对措施。某地铁某车站站台大客流情况如图 5-36 所示。

图 5-36　某地铁车站站台大客流图

2. 可预见性大客流组织

（1）可预见性大客流分类及特点

1）可预见性大客流的分类

大客流根据其产生的原因可具体分为以下三类。

节假日大客流：主要指在国家法定的元旦、春节、清明节、劳动节、端午节、中秋节、国庆节假期期间市民出行及游客旅游等造成城市轨道交通车站客流普遍大幅上升。此类大客流可以提前通过历史数据及相关信息预测得到。另外还需对节假日客流的以下特征进行分析：分析此次节假日客流与以往节假日客流的不同之处；分析重点车站的客流特点；分析对外枢纽车站的乘客乘降特点，如与火车站直接换乘的地铁车站外地乘客较多，乘客对售检票设备不熟悉，在自动售票机、进出闸机前等候时间较长，容易造成站厅客流聚集；分析国家政策、票价政策及其他宏观政策对客流流量流向的影响。

大型活动大客流：主要指由于地铁沿线附近举行大型活动（包括节假日期间举行的大型

活动），在活动结束后大量的乘客在较短时间内涌入地铁车站乘车，造成车站客流迅速上升。此类大客流可以通过活动举办方了解到相关信息。

恶劣天气大客流：主要指由于大雨、雪等恶劣天气对地面交通造成影响，较多的市民乘坐地铁或进入地铁车站避雨、雪，造成地铁各个车站客流比平时有所上升。此类大客流可以通过天气预报提前了解到信息。

2）可预见性大客流的特点

节假日大客流的特点：元旦假期短，与国庆节、春节假期较为接近，游客不会对地铁的客流变化产生太大影响，但市民出行、购物会使商业区附近的车站产生较大客流，同时其他车站的客流也会比平常有所上升，将会出现列车比较拥挤的现象。春节假期较长，节前大批外地劳务人员返乡，对火车站、长途汽车站附近的地铁车站造成较大冲击，节后又有大批人员返城务工，再次对相应地铁车站形成大的冲击，但春节期间的客流会相对稳定，不会有太大影响。劳动节、国庆节旅游、购物外出游客较多，大批游客的到来以及市民在节假日期间出行购物、休闲等会使地铁的客流大幅上升，特别是位于商业区或旅游景点附近的车站，客流的冲击会很大。

大型活动大客流的特点：地铁沿线附近举行大型活动入场前和活动结束散场时，在短时间内会有大批的乘客涌入附近的地铁站，给活动附近的地铁站造成很大压力。此类活动多在周末、节假日举行，所产生的大客流的时间、规模等特点可以预见，影响范围较小，通常对该活动地点附近的车站影响较大。

恶劣天气大客流的特点：主要指在出现大雨、雪等恶劣天气的时候，地面交通受到较大影响，很多市民会改乘地铁，造成车站客流普遍增大。此类客流对某个车站的冲击不会太大，但列车会比较拥挤，乘客上下车比较困难。

（2）可预见性大客流组织措施

1）形成指挥机构，集中领导，发挥客流组织整体指挥作用

▶教学微视频◀
车站大客流组织应急预案

为有效应对大客流，必须形成统一的指挥机构或协调机构。因为大客流组织关系到城市轨道运营企业的各个部门，如客运部门负责各个车站的现场客流组织和客运服务，设施维修部门负责提供设备设施运转保障，其他部门提供后勤、物资等相关保障，在指挥机构统一协调组织下，大客流组织工作将会更加高效、全面开展。一般视大客流预测规模，成立城市轨道交通运营企业相关领导牵头组成的领导小组，并设置客运部门牵头的现场指挥小组。

2）周密部署、做好充分的大客流组织准备工作

做好充分的准备工作是应对节假日、大型活动大客流的必要前提。在可预见性大客流来临前期，应做好的准备工作具体包括：编制大客流组织方案、开展专项安全检查、客流组织备品的补充与调配、开展大客流组织方案培训和演练。其中编制客流组织方案是工作重点，在客流组织方案的统一指导下，大客流组织工作将会有序、顺利地开展。城市轨道交通运营企业及下属各相关运营组织部门均需编制客流组织方案。城市轨道运营企业编制的大客流组织方案主要内容包括：组织指挥机构、客流预测、客流特征分析、行车组织（运营时刻表）、客流组织、各部门职责、重点部位安全管理工作及应急措施。在公司大客流组织方案的基础上，各车站需编制本站细化的大客流组织方案，客流组织方案主要内容包括：客流预测及客流特征分析、车站设备设施运输能力分析、人员安排（包括具体地点、职责、上班时间、携带备品等）、备品准备及需求、各级客流控制具体措施、票务组织措施等。图5-37和表5-3所示为某市地铁车站站厅制定的客流组织人员布岗安排，包括在大客流情况下增设临时票亭的分布。

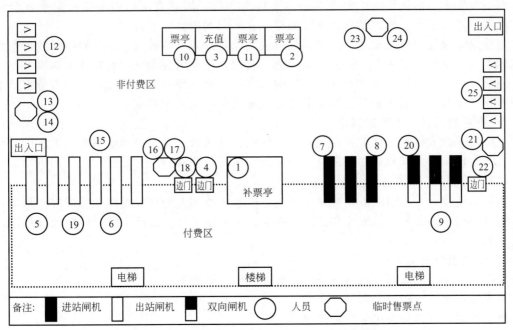

图 5-37　某市地铁车站站厅客流组织人员布岗图

表 5-3　某市地铁车站站厅客流组织人员布岗表

分类	位置	站厅	临时售票点
日常工作		①-⑦	无
一般性大客流		①-⑪	无
节假日大客流		①-㉕	⑬⑭⑯⑰㉑㉒㉓㉔

3）严格管理，将各项客流组织措施落实到位

大客流组织各项措施要落到实处，需要城市轨道交通运营企业各级工作人员严格管理，加强监督检查。车站站长是车站的第一负责人，应统筹管理好整个车站的大客流组织工作，值班站长重点管理好当班期间的客流组织工作，现场指挥小组根据客流组织方案从总体上把关，严格要求各级工作人员认真落实客流组织方案，出现突发情况时，按照相应预案处理。

3. 不可预见性大客流组织

（1）不可预见性大客流的分类及特点

不可预见性大客流也称突发性大客流，是指提前无法预测，临时突然产生的大客流，使车站候车、滞留的乘客人数接近或达到车站设施的设计容量，以及超过线路输送能力的情形。

1）不可预见性大客流的分类

车站周边临时组织大型活动主要指地铁沿线附近临时组织大型活动，车站管理部分提前没有获得或无法获得相关信息，在短时间内有大量乘客涌入地铁车站乘车，造成车站客流迅速上升。

天气突变主要指无法通过天气预报准确预报的天气，如短时间内突然出现暴雨、冰雹、大风等恶劣天气。因地面交通受到恶劣天气的影响，在短时间内会有大量乘客转乘地铁，造成车站的客流急剧增大。

车站发生乘客群体上访、闹事等恶性事件主要指，因某方面原因车站发生乘客群体上访、闹事等恶性事件，导致某地铁车站的客流在短时间内突然上升。

地铁设备设施故障主要是指因地铁设备设施故障，如列车故障、信号故障导致列车运行间隔较大，地铁车站的乘客不能按照正常进行疏散，从而引起车站的突发性大客流。

地铁发生紧急事故主要指地铁车站发生火灾、大面积停电等事故时，车站等待乘坐地铁的乘客和下车乘客均需在短时间内疏散，造成地铁车站发生大客流。

2）不可预见性大客流的特点

不可预见性大客流的显著特点是，它的规模、时间长短等无法提前预测，无法进行充分的准备，需根据客流规模启动相应级别的应急预案进行应对。

(2) 不可预见性大客流组织措施

不可预见性大客流组织办法按照城市轨道交通企业制定的《突发性大客流应急预案》处理，轨道交通企业定期需开展应急演练，确保人员熟练掌握突发性大客流应急处理程序。具体措施如下。

1）成立组织机构

发生大客流后，指挥机构自然成立，指挥机构具体如下。

总指挥：地铁运营分公司经理；

副总指挥：运营分公司分管副经理；

成员：运营分公司各部门部长。

2）突发性大客流监测预警

由城市轨道交通各车站对现场进行实时监测，发现有大客流发生的趋势要积极采取预防措施，并向控制中心（OCC）汇报；控制中心也可根据中央监控系统时刻关注现场客流动向，接到或是通过监控系统发现有大客流发生趋势时，要及时上报公司领导。

按照地铁大客流发展趋势，将大客流预警级别分为一般、一级、二级、三级预警，共四级。

一般预警：主要体现为车站售票能力不足，每台自动售票机前排队购票人数较多，同时还不断有乘客涌进，准备进行购票，站台候车乘客可以保持顺畅流动，站台压力较小，有大客流发展趋势；

一级预警：主要体现为地铁站台候车乘客拥挤，人员流动缓慢，同时同方向连续2列车进站时仅有少量乘客能够上车，站台乘客仍有增加的趋势，站台压力较大；

二级预警：主要体现为站台乘客拥挤，同方向连续2列车进站后，仅有少量乘客能够上车，同时站厅乘客不断聚多，全部自动售票机前排队购票人数较多，人员流动缓慢，站台、站厅压力都很大；

三级预警：主要体现为站台、站厅人员爆满，同方向连续2列车通过都无法缓解站台压力，出入口乘客越来越多，人员流动性较差。

3）突发大客流应急处置

突发大客流应急处置根据预警级别分别采取先期处置、实施一级客流控制、二级客流控制和三级客流控制。

先期处置

当出现大客流迹象时，车站要及时掌握产生的原因、规模，预计可能持续的时间；

值班站长向站长、部门领导、控制中心进行信息报告；

站务分部主任（副主任）在5分钟内赶到控制中心，通过上报信息及控制中心（CCTV）了解现场客流情况，指导车站人员实施控制措施，有

▶教学微视频◀
城市轨道交通
车站突发事件
大客流组织

必要时安排其他车站人员进行支援;

车站利用广播系统认真做好宣传,值班站长及时组织当班员工疏导站厅客流,理顺购票队伍,增设兑零点和购票点,加大购票能力,有必要时向站务分部主任申请站间调配车票;

采取有效措施,均衡站厅内客流布局;

站台岗时刻关注进入站台乘客动态,做好站台客流疏导,避免人流在楼梯或电扶梯口处过多聚集。

一级客流控制

见图 5-38。

图 5-38 一级客流控制（站厅付费区楼梯口）

① 控制时机：当车站站台乘客较拥挤,同方向连续 2 列车经过后站台还有大量乘客滞留上不了车,并且还有持续不断的乘客进入站台。

② 机构响应：当接到客流达到一级预警信息报告后,客运部分管副部长在 5 分钟内赶到控制中心,通过上报信息及控制中心（CCTV）了解现场客流情况,指导车站人员实施控制措施,有必要时安排其他车站人员进行支援。

③ 现场响应：撤除临时兑零点,减少售票点,减缓售票速度；在站厅与站台的楼梯（或电扶梯）口做好限流措施,将站厅与站台之间的扶梯改为向上方向,维护好上下站台乘客秩序,避免上下站台客流产生交叉、堵塞通道及发生踩踏事件；若还不能控制时,现场采用设置隔离围栏、警戒绳等措施在站厅通向站台楼梯口进行拦截乘客,分批向站台放行乘客；加强站台巡视,做好宣传,维护站台乘客的安全；加强广播宣传,稳定乘客情绪,必要时在站台摆放或张贴宣传告示。

二级客流控制

① 控制时机：当车站站台及站厅付费区都较为拥挤,采取一级客流控制措施后,还有持续不断的乘客通过闸机进入付费区,站厅付费区乘客滞留时间超过 5 分钟不能下到站台,站厅付费区乘客严重影响到站台向上的出站乘客。图 5-39 为二级客流控制（入闸机处控制）。

② 机构响应：当接到客流逐步从一级预警向二级预警过渡时,客运部部长（副部长）在 5 分钟内赶到控制中心,通过上报信息及控制中心（CCTV）了解现场客流情况；站务分部

图 5-39 二级客流控制（入闸机处控制）

主任（副主任）及时赶赴现场，指导车站人员实施控制措施，适时调派支援人员。控制中心值班主任与站务分部主任（副主任）保持联系，灵活组织备用列车上线或进行必要的运营调整。

③ 现场响应：及时组织车站人员维持秩序，撤除兑零点，关闭部分或全部 TVM，减缓售票速度；值班站长及时按照现场处置工作负责人的命令组织当班员工疏导站台、站厅付费区客流，增派人员到站台、站厅维持候车秩序，利用广播宣传，注意站台乘客的候车动态；向行调请求加开客车运送站台的乘客；在进站闸机处，关闭部分或全部进站闸机，将双向闸机设置为只出不进模式，根据现场情况可采用在闸机通道外设置栏杆的形式拦截乘客进入付费区，维护好上下站台及进出付费区乘客秩序，避免上下站台客流及进出付费区客流产生交叉、堵塞通道及发生踩踏事件；根据付费区内客流减缓情况分批放行非付费区客流进入付费区，并适时调整售票速度；根据站台客流减缓情况分批放行站厅付费区客流进入站台；站厅、站台客流控制时要注意留有足够的缓冲区；加强站台、站厅巡视，做好宣传，维护车站乘客的安全；加强广播宣传，稳定乘客情绪，在站台、站厅摆放或张贴宣传告示。

三级客流控制

见图 5-40。

① 控制时机：当车站站台及站厅都较为拥挤，采取二级客流控制措施后，还有持续不断的乘客通过出入口进入站厅，站厅非付费区乘客滞留时间超过 10 分钟不能购票进闸，站厅非付费区、付费区乘客严重影响到出站客流。

② 机构响应：当接到客流逐步从第一阶段向第三阶段过渡时，运营分公司分管副总经理在 10 分钟之内到达控制中心，通过上报信息及控制中心的视频监控系统了解现场客流情况，在调度指挥控制中心（OCC）进行指挥；客运部部长（副部长）立即赶赴现场，担任现场处置工作负责人；

图 5-40　三级客流控制（出入口外控制）

驻站民警协助客流疏导；控制中心值班主任与现场负责人保持联系，适时进行运营调整，根据客流发展趋势，及时向地铁公安分局请求支援，要求增派警力，技术安全部相关人员赶赴现场，与支援民警进行现场安全防护，若出现踩踏事件，及时处置；控制中心值班主任灵活组织行车调度，及时进行运营调整，及时向地铁公安分局、交通局联系，请求增派警力或是地面交通支援。

③ 现场响应：车站维护好上下站台、进出付费区及进出出入口的乘客秩序，避免进站客流与出站客流产生严重交叉、堵塞通道及发生踩踏事件；加强站台、站厅及出入口巡视，做好宣传，维护车站乘客的安全；加强广播宣传，稳定乘客情绪，在站台、站厅及出入口摆放或张贴宣传告示；控制进入车站乘客人数，在站外设置迂回的限流隔离栏杆，延长进站时间，或组织乘客排队分批进站；采取出入口分流，一部分只出不进，一部分只进不出，有必要时可选择关闭部分出入口，最大程度缓解站厅及站台客流压力；出入口根据站厅客流减缓情况，分批放行出入口外客流进入站厅非付费区，适时开关 TVM、闸机，施行或取消票务中心售卖预制票，调整售票速度；根据站台客流减缓情况分批放行站厅付费区客流进入站台。

4）突发大客流线网控制措施

突发大客流车站组织措施：当全线网中的某一车站发生故障，不能正常运营，影响严重时，本站按照车站现场组织方法进行组织，必要时向行调申请在本站通过不停车，减缓本站压力。同时行车值班员向行调汇报,由行调通知线网各次列车司机,及时通过车内广播告知乘客,并通知相邻车站。

全线网相关车站措施: 接到通知后,立即采取限流措施,进行宣传解释,减缓或阻止乘客进站,在站外进行乘客组织,稳定乘客情绪,保证乘客安全。利用站内广播和其他宣传疏导方式,告知乘客列车运营情况,劝导乘客乘坐其他交通工具。因突发事件受到重大影响的各车站,必要时申请临时封站继续运营的车站要充分考虑客流压力的波形传递性,加强客运组织力量,做好客流急增的准备。

二、突发事件客流组织

突发事件是指没有任何征兆的情况下,在城市轨道交通车站内、列车上或其他设备设施内突然发生的危及人身安全的事件,如自然灾害地震、火灾、恐怖袭击爆炸、疫情、大面积停电等,发生以上突发事件时,城市轨道交通工作人员须按照应急预案要求,冷静、迅速处理,将乘客快速疏散至安全位置,防止人员伤亡等意外事件发生、扩大和蔓延。

当车站发生突发事件时,车站可根据实际情况对乘客进行疏导,客流组织的方法主要有乘客疏散、清客和隔离三种。

1. 乘客疏散

乘客疏散是指在发生紧急情况时,城市轨道交通工作人员利用通道和出口迅速将乘客从危险区域转移到安全区域,包括车站疏散和区间隧道疏散。

(1) 车站乘客疏散组织办法

如图 5-41 所示。火灾、大面积停电等突发事件可能导致乘客受伤害时,车站工作人员必须第一时间组织疏散乘客,争取在最短的时间内尽快将乘客疏散至安全位置。城市轨道交通单位需编制各类突发事件的应急预案,并定期组织演练和培训,确保突发事件发生后,工作人员能够有序、妥善处理乘客疏散,车站各个岗位必须密切高效配合。各岗位的客运组织应急处理程序见表 5-4。

图 5-41 车站发生火灾

表 5-4 车站各岗位客运组织应急处理程序

岗位	工作内容
值班站长	①接到紧急情况信息报告后,迅速赶往现场确认实际情况; ②宣布执行相关应急处理程序,担任现场"事故处理主任",调集车站所有资源快速组织疏散乘客; ③现场组织疏散乘客,督促各岗位应急处理关键环节是否执行; ④乘客疏散完毕后,检查车站内是否有滞留乘客,并关闭出入口,报告中央控制中心; ⑤当事件危及车站员工时,及时组员工通过消防疏散通道或出入口到达安全区域
行车值班员	①及时将现场情况向中央调度中心报告,与调度保持联系; ②视车站突发事件程度,向地铁公安、U9、120 报告; ③需要疏散公共区乘客时,按压闸机释放按钮,使闸机处于常开状态,并将 TVM 设置为暂停服务状态; ④播放疏散广播; ⑤将信息上报站长、部门生产调度及部门值班领导; ⑥根据事件蔓延情况,带好手持台等相关通信工具,视情况撤离车控室至安全区域

续表

岗位	工作内容
客运值班员	①收好钱款,锁闭票务管理室,到车控室协助行值操作相关环控设备,如果环控设备中央级执行不成功,负责操作车站级环控设备; ②到站厅、站台、设备区组织疏散乘客和其他维修巡检人员; ③有乘客受伤时及时协助伤者到达安全区域,视情况对伤者进行急救
厅巡岗	①打开边门将乘客疏散出站; ②根据电扶梯的运行方向,将向下的电扶梯关闭,将向上的电扶梯视情况关闭; ③根据客值或值班站长安排出入口拦截乘客进站,迎接外部支援力量
票亭岗	①收好票款,锁闭票亭; ②疏散乘客出站,根据客值或值站班长安排张贴告示、拦截乘客进站,协助外部支援人员进站
站台岗	①按照值站命令,执行应急处理程序,疏散站台层乘客,站台乘客疏散完毕后,协助疏散站厅乘客; ②乘客疏散完毕后,到现场协助处理应急事件
保安、保洁	协助车站工作人员疏散乘客和救助受伤乘客

(2) 隧道乘客疏散组织办法

如图 5-42 所示,列车在区间有火灾无法行驶至前方车站或设备发生故障列车被迫停在区间,需要区间疏散乘客时,执行区间乘客疏散办法。对于隧道发生火灾、爆炸等紧急事件及设备发生故障区间时的乘客疏散具有不同的要求,以下分别进行阐述。

① 隧道发生火灾或列车在隧道发生火灾无法运行至前方车站时,此时需要尽快疏散列车上的乘客,根据列车着火位置及火势大小,选择正确的乘客疏散方向(当列车头部着火时,组织将乘客从列车尾端疏散;当列车尾部着火时,组织将乘客从列车头端疏散;当列车中部着火后,若火势较大,无法通过着火区域时,组织乘客向两端疏散),确保乘客人身安全。在接到行调需要区间疏散的命令后,车站各个岗位必须密切高效配合。各岗位的客运组织应急处理程序见表 5-5。

图 5-42 地铁区间乘客疏散图

表 5-5 隧道区间各岗位客运组织应急处理程序(1)

岗位	工作内容
值班站长	①接到区间疏散通知后,立即通知厅巡岗、保安带齐应急物品到站台做好灭火、区间疏散乘客准备工作; ②确认列车在区间不能运行时,宣布执行列车在区间火灾应急处理程序,担任"事故处理主任",指挥厅巡岗、保安等做好防护,得到行调的同意后进入列车所在区间引导乘客疏散、灭火; ③组织乘客疏散。确认隧道没有遗留乘客,报车站控制室; ④消防队员到达后,将灭火工作交给消防队员,确认乘客疏散完毕后,回到车控室; ⑤确认火灾扑灭、公安取证完毕、设备抢修结束、人员出清线路后报告行调,向行调请求恢复运营
行车值班员	①接到行调或列车司机通报火警后,立即报值班站长; ②报告行调并地铁公安、119、120,播放紧急疏散广播,按压 AFC 紧急按钮,关闭广告灯箱电源,向部门领导报告; ③与行调、值班站长保持联系; ④严格控制救援人员进入区间时机,进入区间前得到行调的同意; ⑤所有人员出清区间后向行调汇报; ⑥准备恢复运营服务,并向行调报告

续表

岗位	工作内容
客运值班员	①得知发生火灾后,锁好票务管理室门,到车控室协助行值工作,中央级控制不能实现时,按控制中心指令操作车站级环控系统 BAS; ②执行列车在区间火灾应急处理程序,关闭所有 TVM,到站厅组织员工疏散乘客; ③组织站厅乘客疏散,确认站厅乘客全部疏散出站后报告车控室,救助受伤乘客
厅巡岗	①接到通知后立即带备品到站台待命; ②听从值班站长指挥做好防护,到区间疏散乘客、灭火,组织乘客向站台疏散; ③消防人员到后,将灭火工作交给消防人员
票亭岗	①收好票款,执行应急处理程序,关停站台层向下运行的扶梯; ②组织疏散乘客
站台岗	①列车在区间疏散乘客时,打开端墙门,组织疏散乘客并清点人数; ②站台乘客疏散完毕后报车控室; ③根据车控室指示严格控制进入区间进行救援的时机
保安、保洁	①执行紧急疏散命令,视情况关停站厅层出口的扶梯,拦截乘客进站,根据车站工作人员安排张贴暂停服务告示; ②接应外部支援力量

② 设备发生故障,列车被迫停在区间,需要区间疏散乘客时,车站根据行调命令组织乘客有序疏散出区间,尽量避免乘客在区间受伤。车站各岗位的客运组织应急处理程序见表 5-6。

表 5-6 隧道区间各岗位客运组织应急处理程序(2)

岗位	工作内容
值班站长	①接到列车区间疏散的信息后,根据行调指令组织厅巡岗、保安穿好荧光服,携带手提广播、照明灯(应急灯)、对讲机等进入区间,前往列车停留位置,引导乘客安全撤离至站台; ②疏散完毕后按原路返回,负责确保乘客及工作人员全部安全到达站台; ③确认线路出清后,报告车控室线路已出清
行车值班员	①接到行调列车区间疏散的命令后,立即报告值班站长,并打开隧道照明灯; ②与行调、值班站长保持联系,及时传递信息; ③播放广播安抚候车乘客; ④区间乘客全部疏散完毕后及时向行调报告
客运值班员	收好钱款,锁闭票务管理室,根据值站安排组织疏散区间乘客
厅巡岗	①接到通知后立即带备品到站台待命; ②听从值班站长指挥做好防护,到区间疏散乘客、灭火,组织乘客向站台疏散; ③消防人员到后,将灭火工作交给消防人员
票亭岗	①收好票款,执行应急处理程序,关停站台层向下运行的扶梯; ②组织疏散乘客
站台岗	在车站端墙处接应从区间里疏散来的乘客,对乘客做好安抚解释工作
保安	①与值班站长下线路疏散乘客; ②对乘客做好解释安抚工作
司机	①接到行调列车区间清客的命令后,等车站人员到达后打开应急疏散门,播放"列车清客广播",组织乘客有序撤离; ②列车上乘客疏散完毕后,检查列车情况并将情况报行调,按照行调的命令执行

2. 清客

在遇到运营设备故障,列车暂时中止服务或行车组织发生变更调整时,需要将列车上乘客或车站乘客从某一区域转移到另一区域,包括列车在站台时清客和车站清客。清客与乘客疏散的区别在于，疏散是在紧急状况下的客运组织方式，是为了保证乘客安全，尽快将乘客转移到安全位置，而清客是暂停行车服务的客运组织方式。以下分别介绍列车在站台清客及车站清客时各岗位应急客流组织流程，见表 5-7、表 5-8。

表 5-7 列车在站台时清客客运组织流程表

岗位	工作内容
值班站长	①组织站务员引导乘客安全撤离列车，并做好乘客解释工作； ②检查车厢有没有滞留乘客，清客完毕后，及时向车控室报告
行车值班员	①接到行调列车在站台清客的命令后及时通知值班站长，并播放列车清客广播； ②清客完毕后，及时向行调报告
客运值班员	协助值站清客，对不主动配合的乘客进行劝导和解释，引导乘客离开列车
保安	协助车站工作人员清客，对不主动配合的乘客进行劝导和解释，引导乘客离开列车
司机	①接到行调列车在站台清客的命令后打开车门、屏蔽门，播放列车清客广播； ②确认车厢没有乘客滞留，关门并报行调，按照行调指令执行

表 5-8 车站清客客运组织流程

岗位	工作内容
值班站长	①宣布执行车站清客处理程序，组织车站员工对车站乘客进行清客，引导乘客进行票务处理； ②待乘客全部出站后，检查车站是否有滞留乘客，关闭出入口，派人在出入口张贴告示； ③集合车站工作人员，协助设备故障处理，等待恢复运营； ④将情况向站长报告并做好详细记录
行车值班员	①接到上级暂停服务清客的命令后通知车站各岗位本站暂停服务，执行清客程序； ②播放清客广播和票务政策广播，将自动售票机 TVM 设置为暂停服务； ③通知地铁公安到现场维持秩序
客运值班员	①引导乘客办理退票、一卡通更新及出站，向乘客做好解释； ②根据需要为售票员配备零钱； ③统计退票数量并将回收单程票封好后上交票务室
其他岗位	①厅巡打开车站边门，引导乘客退票或出站（持一卡通乘客通过边门出站，车站免费更新）； ②售票员负责办理退票和一卡通更新； ③站台及保安引导乘客出站，根据客值或值站安排张贴告示

3. 隔离

隔离是指采用某种方式或设备人为隔开人群或封闭某个区域。按造成隔离的原因，隔离的客运组织方法分为以下几种。

非接触纠纷隔离：乘客发生口头纠纷时，离现场最近的工作人员要立即上前调解纠纷，必要时把纠纷双方分别带到人少的地方或带到办公区会议室，进行劝说和解，如有其他乘客围观，应及时劝离现场，维持好车站工作秩序。

接触式纠纷隔离：乘客发生打架时，离现场最近的工作人员要立即赶到现场，与车站保安人员一起把打架双方隔开，并通知地铁公安到达现场。车控室通知值班站长赶到现场处理，将肇事双方移交地铁公安处理。车站要及时疏散围观乘客，并寻找目击证人，记录事件经过。

疫情隔离：城市发生疫情传播，车站发现有人晕倒或疑似传染疫情时，必须及时采取隔离措施，报告公司防疫指挥中心及市防疫指挥中心，根据上级要求进行清客，关闭出入口，列车不停站通过，对与疑似人员接触过的物品、人员进行消毒、隔离观察。

客流流线隔离：当车站某一端排队购票队伍与进、出站客流发生交叉干扰时，车站工作人员利用提前准备好的伸缩栏杆、隔离带、铁马等设备将不同方向的客流分隔开，保持进出站、换乘客流顺畅，并利用手提广播引导乘客到自动售票机前人少的一端购票。

4. 雨天车站的客流组织

如果降雨造成出入口因乘客避雨而拥堵时，及时向滞留乘客发放一次性雨衣，增加人员，加强疏散力量，快速将滞留乘客疏导出站，并请求地铁公安在出入口处协助组织，同时密切关注各车站现场情况，将影响运营的事件随时向行调报告。车站可采取以下措施进行客流疏导：

① 当出入口聚集多人时，为防止乘客拥堵在电扶梯口影响到乘客正常乘坐电扶梯，可视情况关闭车站出入口电扶梯；

② 保洁人员在出入口铺设防滑垫，并及时清理站内地面积水；

③ 车站工作人员到出入口发放免费雨衣及雨伞；

④ 加强出站口的宣传疏导，提高乘客出站速度，播放提醒乘客防滑广播，防止乘客滑倒摔伤，摆放提醒告示；

⑤ 雨情较大时将因避雨拥堵在出入口和通道内的乘客引导至人少的通道内避雨，并提示有雨具的乘客尽快离开车站；

⑥ 如因出入口积水导致乘客滞留或出站速度缓慢，应及时引导乘客至其他路况较好的出入口出站；

⑦ 因车站滞留乘客量大导致站内秩序得不到有效控制时，车站向上级领导和相关部门申请采取临时封站措施。

5. 发生火灾的客运组织

火灾对城市轨道交通威胁较大，城市轨道交通单位应有相应火灾预案，并定期组织火灾疏散及逃生演练。下面以列车即将进站时发生火灾，列车正常进站停车，车站人员组织疏散列车及站内乘客为例展示站台列车火灾时客运组织处理程序（表5-9）。

表5-9 站台列车火灾客运组织处理程序

岗位	工作内容
值班站长	①接行车值班员的报告，立即通知厅巡岗、保安带备品（防烟面具、荧光衣、灭火器）到站台灭火。 ②宣布执行列车在站台火灾应急处理程序，指挥厅巡岗、保安一起进入车厢灭火。 ③组织灭火，控制火势，组织站台乘客向未受火灾影响的站厅疏散。确认列车及站台乘客全部疏散到站厅后报告车控室。对受伤乘客安排员工用担架抬至出入口，进行救助并等待120。 ④消防队员到火场后，将灭火工作交给消防队员，命令参加灭火员工疏散到站厅。确认站厅乘客疏散完毕后，回到车控室。 ⑤根据行调命令下令关闭部分出入口，火灾扑灭后，与警务人员确认完全灭火，公安取证完毕、设备抢修结束后报告行调，并组织员工清理现场，随后向行调请求恢复运营
行车值班员	①接到行调或列车司机通报火警后，将情况报告值班站长。 ②报告行调，并视情况报地铁公安和"119""120"；播放紧急疏散广播；按压AFC紧急按钮；向部门领导报告。 ③与行调、值班站长保持联系。 ④向行调报告消防队员到达及灭火情况。 ⑤准备恢复运营服务并向行调报告
客运值班员	①得知发生火灾后，锁好票务管理室门，到车控室协助行值工作，中央级控制不能实现时，按控制中心指令操作BAS。 ②执行站台火灾应急处理程序，在SC上关闭所有TVM，到站厅组织疏散乘客。 ③组织站厅乘客的疏散，确认站厅乘客全部疏散出站后报告车控室，救助受伤乘客。 ④根据值站安排关闭部分出入口。 ⑤火灾扑灭后在值站指挥下清理现场。 ⑥接到恢复运营的通知后，组织员工准备恢复运营服务。 ⑦根据值站通知开启出入口，恢复运营

续表

岗位	工作内容
厅巡岗	①接到通知后立即带备品(防烟面具、荧光衣、灭火器)到站台协助灭火。 ②消防人员到火场后,将灭火工作交给消防人员,疏散乘客到站厅。 ③火灾扑灭后在值站指挥下清理现场。 ④接到恢复运营的通知后,检查站厅客运设施情况,为恢复运营服务做准备
票亭岗	①收好票款,执行站台火灾应急处理程序,关停站台层的下行扶梯。 ②组织乘客疏散。 ③接到恢复运营的通知后,准备恢复售票工作
站台岗	①组织列车或站台乘客疏散。司机无法操作屏蔽门时,站台岗负责打开屏蔽门。 ②检查确认站台没有遗留乘客。 ③接到通知后,到站台清理现场,为恢复运营做准备
保安、保洁	①执行站台火灾应急处理程序,关停站厅层出口的扶梯(原则上无人员在电梯上)。 ②拦截乘客进站,等候消防队员的到来,张贴暂停服务告示。 ③协助疏散乘客,做好解释工作。 ④指引消防队员进站灭火。 ⑤安抚受伤乘客等候120救护人员。 ⑥协助清理现场
司机	①立即打开屏蔽门、车门。 ②施加停放制动,降下受电弓(不能拔主控钥匙),报行调、车控室,广播疏散乘客。 ③听从事故处理主任的指挥。 ④在乘客全部下车后及时向行调报告,行调通知司机关闭蓄电池,得到打开通知后再打开。 ⑤确认车况,按行调命令执行

▶拓展阅读◀
城市轨道交通
客运组织与
服务管理办法

【本章实践】

分小组进行模拟演练,通过情景模拟使学生理解并记忆突发事件客流组织工作。然后进行小组自评和互评,最后教师讲评,取长补短,开拓完善知识内容。

运用演练内容如下:

1. 列车延误或故障情况下的客流组织

由于下行列车延误或故障,造成站台的候车乘客超过站台所能容纳的最大人数时,值班站长应及时向行调、站务室汇报,车站及时进行广播。地铁公安和站台保安在站台维持秩序,将站厅至站台下行扶梯改为上行,将站台的乘客疏导至站厅办理退票手续,改乘其他交通工具,同时,关闭所有进站闸机和TVM,并加强广播宣传、解释工作,加强对站台出站乘客的疏导。

2. 发生火灾、不明气体、爆炸等破坏性事件的客流组织

① 值班站长/行车值班员立即报告行调、站长及站务室,通知地铁公安并拨打110通知消防部门及医院,通知全站各岗位执行紧急疏散,值班站长担任临时应急处理负责人,必要时请求控制中心增派临时支援人员到站支援。

② 在保障人身安全的前提下,值班站长组织车站员工穿好防护装备,采取合理措施控制或降低灾害影响程度。

③ 行值检查环控模式是否正确,需要时开启正确环控模式。

④ 行值在IBP上操作全开闸机,及时播放应急广播,在PIS上发布相应的信息,其他现场站务人员利用手提广播做好对外疏散的广播宣传(指对乘客、银行、商铺),尽量不要引起乘客恐慌,安抚乘客根据站务人员安排有序疏散,重点协助有困难的乘客。

⑤ 值班站长安排人员打开所有的边门，并在站台与站厅间的楼扶梯处、闸机处、通道口、出入口进行重点控制，引导站台乘客上到站厅往站外疏散，在各出入口张贴相应公告，安排全体人员到紧急出入口等候救援人员。

⑥ 若影响站厅公共区安全，无法从站厅疏散时，值班站长安排行值向行调请求安排空车疏散，并安排站务人员到站台与站厅之间通道阻拦乘客上站厅（组织空车疏散时，所有乘客全部组织上车后，站台岗显示"好了"信号通知司机发车）。

⑦ 车站乘客、银行、商铺全部撤离后，陆续关闭除紧急出入口外的其他通道口、出入口，若灾情危及员工安全时，做好救援人员进入车站的导向后组织员工撤离车站到紧急出入口集中。

第六章　城市轨道交通常态大客流应对与控制

常态化客流控制是指根据车站、本线或线网的客流情况，在日常或节假日固定时间内启动客流控制。例如，广州地铁在一、三、五号线的重点车站实施工作日常态化客流控制，即按照客流规律定时启动客流控制。

近年来，随着城轨交通线网规模的扩大，客流量不断攀升，在高峰时段常出现运能与客流不匹配的情况，这就需要通过客流控制来限制单位时间内的客流量，保障乘客的安全和线网运营通畅。常态化客流控制根据实施时间分为工作日常态化客流控制和节假日常态化客流控制。

第一节　城市轨道交通大客流

【学习目标】
1. 理解城市轨道交通大客流的分类。
2. 理解城市轨道交通人群速度、人群密度、人体所占空间、人群流量、人群构成。

一、城市轨道交通大客流的分类

城市轨道交通车站大客流是指，在某一时间段集中到达的客流量超过车站正常运行能力和服务能力的客流。大客流一般出现在大型文体活动散场时或节假日放假前夕。随着客流量的增大，站内服务设施如通道、楼梯、扶梯、站台等处变得十分拥挤，乘客行动明显受限。按照客流产生原因，轨道交通车站大客流主要可分为以下四类。

（1）常态化大客流

常态化大客流是指为实现日常的通勤、商业活动等正常的生产、生活活动而产生的持续性大规模客流。常态化大客流的发生时间和发生地点较规律，一般持续时间较长，如距离住宅、办公区、商业区较近的车站，在上下班时段客流会大幅上升，而学校附近的车站客流会在上学和放假期间明显增加。常态化大客流车站要提前制订完善的客流组织方案，才能有效应对大客流冲击。截至 2019 年 12 月，北京地铁共有 23 条线路、共 400 余座车站面对常态化大客流冲击。常态化大客流车站平日客流量变化如图 6-1 所示。

（2）突发性大客流

突发性大客流是指由于体育场馆、影剧院等大型公共场所举办大型活动结束时所引发的

第六章 城市轨道交通常态大客流应对与控制

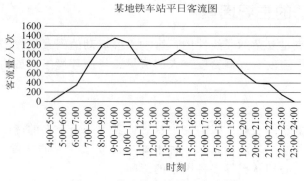

图 6-1 某地铁车站平日客流图

城市轨道交通车站短时间内大规模聚集的客流。它受活动地点、时间、规模等因素影响较大,具有突发性和不确定性的特点,并且通常持续时间短,给活动地点周边车站的运营管理人员带来了极大的压力和挑战。

(3) 节假日大客流

节假日大客流主要是指国家法定的节假日,如元旦、春节、清明节、劳动节、中秋节和国庆节,以及学生暑期(7～8月份)所造成的较平时明显增加的客流。客流主要由旅游观光、返乡探亲、休闲购物等的乘客组成。暑期大客流主要以放暑假的学生及陪同的家长为主。春节前后大批外地劳务人员返乡,必然对铁路客运站和长途汽车站附近的地铁车站造成较大冲击。元旦、清明、端午、中秋等假期较短的节日,游客不会对地铁的客流变化带来较大影响,但市民出行、购物会使商业区附近的车站产生较大客流。节假日轨道交通车站尤其是靠近旅游景区、购物商场的车站客流较平时有大幅度上升,购买单程票和初次乘坐地铁的乘客比例较大。图 6-2 为某地铁车站"五一"期间和平日的全日闸机进站量对比。

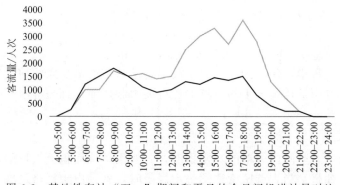

图 6-2 某地铁车站"五一"期间和平日的全日闸机进站量对比
—— 2019年"五一"期间; —— 日常时间

(4) 其他大客流

其他大客流是指出现酷暑、雨雪、大风等天气时,地面交通受阻,大量乘客改乘轨道交通、进入车站避雨或滞留车站等造成车站客流量明显增加的情形。由于难以提前预估可能改乘地下交通工具的客流量,对车站客流组织带来一定困难。

城市轨道交通大客流组织应根据客流产生的原因,采取合理应对措施疏导客流。

二、人群流动的主要因素

由于人的行为特点是复杂的非线性的,影响人群流动的因素也较多。一般来说影响人群流动的主要因素有人群速度、人群密度、人群流量、场所环境、人员构成等,这些因素之间又存在着关联。

(1) 人群速度

人群速度是指人群整体表现出来的速度状态,其不是由个人的速度决定的,而是人群在行走过程中相互影响和制约表现出来的一种平均速度状态。人群速度受到场所环境、天气、出行目的、个人身体及心理状况等多种因素的影响。

在同向客流中,不同特征的步长和步频是不一样的,其中老幼病残个体的运动速度要明显低于一般个体。北京建筑工程学院的孔维伟等研究学者观测了北京地铁复兴门站和西直门站各年龄段人群在不同路段行走的平均速度,如表6-1所示。

表 6-1　不同观测地点各年龄段人群在不同路段行走平均速度分布　　单位：m/s

年龄段	换乘通道	上楼梯	下楼梯	上坡	下坡	站台
中青年男性	1.39	0.75	0.95	1.23	1.66	1.56
中青年女性	1.22	0.66	0.83	1.03	1.50	1.41
儿童	1.31	0.64	1.27	1.43	1.43	1.27
老年人	1.06	0.6	1.41	1.41	1.41	1.15

地铁人群流动模型如下:

① 平面换乘通道内的行人步行速度与行人密度流模型:
$$u=-0.396k+1.522$$
② 楼梯内上楼梯行人步行速度与行人密度关系模型:
$$u=-0.096k+0.695$$
③ 楼梯内下楼梯行人步行速度与行人密度关系模型:
$$u=-0.126k+0.779$$

式中,u 为行人步行速度,m/s;k 为行人密度,人/m^2。

在人群的行走过程中,每个人都倾向于按照自己认定的最短路线前进,总希望超越比自己慢的人,由此人群内部速度大小的不均一性可能引起碰撞、拥挤等事故,甚至引起打架斗殴或拥挤踩踏事故。

(2) 人群密度

人群密度反映一个空间内人群的稠密程度,一般用单位面积上人员的数量来表示。人群密度过大就会造成拥挤,当人群密度达到一定极限时,就会由于拥挤过度导致人群之间相互影响,引发碰撞、跌倒、斗殴等情况,甚至可能造成踩踏事故。

群体移动速度取决于人群密度。人群密度越大,群体的移动速度越小,当人群密度达到一定极限时,群体会因过于拥挤而无法移动。一旦出现人员跌倒,人群将有可能来不及反应,进而引发踩踏事故。

目前,国内外对客流采集程度的判别没有统一标准。常采用的客流密度划分标准是美国学者弗洛因(J.J.Fruin)提出的设施服务水平分级指标(表6-2)。根据该指标体系,地铁站内客流的密度至少满足:步行通道上 0.43～2.15 人/(m·s),楼梯上 1.08～2.69 人/(m·s);对应的流量为:步行通道上 0.44～0.87 人/(m·s),楼梯上楼 0.33～0.87 人/

(m·s)，楼梯下楼 0.44～0.98 人/(m·s)。

表 6-2　设施服务水平分级指标　　　　　　　　　　单位：人/m²

服务水平	步行通道	扶梯、自动扶梯	等待区
A	<0.31	<0.54	<0.83
B	0.31～0.43	0.54～0.72	0.83～1.08
C	0.43～0.72	0.72～1.08	1.08～1.54
D	0.72～1.08	1.08～1.54	1.54～3.59
E	1.08～2.15	1.54～2.69	3.59～5.38
F	≥2.15	≥2.69	≥5.38

(3) 人体所占空间

人群中个体所占空间可以用人均空间来表示，即人群中平均每个人所占有的面积。当人均空间减小到一定程度时，行人的速度会变慢，不能以正常速度前进。一个人以其正常速度行走所需要的人均空间与其本身所占的面积、前进空间、避让距离有关。

人体尺寸一般是指人在一定的衣着条件下，投影到垂直水平面上所形成的形状的面积。人体尺寸与人种、体型、性别及年龄等因素有关。表 6-3 和表 6-4 分别为中国男性和女性的人体尺寸水平。

表 6-3　中国男性人体尺寸水平　　　　　　　　　　单位：mm

年龄(岁)	身高		胸厚		最大肩宽		最大体重		体厚	
	P50	P95	P50	P95	P50	P95	P50	P95	P50	P95
4～6	1113	1237	147	167	286	323	304	349	184	213
7～10	1320	1462	162	198	326	392	340	429	203	261
11～12	1466	1620	178	225	362	427	380	464	218	280
13～15	1638	1765	197	240	402	455	417	496	228	285
16～17	1706	1809	208	246	426	471	439	509	238	290
18～25	1686	1789	204	230	427	463	—	—	—	—
26～35	1683	1776	212	241	432	469	—	—	—	—
36～60	1667	1761	219	253	433	473	—	—	—	—

表 6-4　中国女性人体尺寸水平　　　　　　　　　　单位：mm

年龄(岁)	身高		胸厚		最大肩宽		最大体重		体厚	
	P50	P95	P50	P95	P50	P95	P50	P95	P50	P95
4～6	1109	1225	141	161	282	316	296	339	177	207
7～10	1306	1446	154	186	319	374	330	395	192	237
11～12	1487	1610	173	211	358	414	372	443	212	260
13～15	1573	1669	189	224	385	433	404	470	229	275
16～17	1590	1686	196	225	397	436	418	470	238	276
18～25	1580	1667	191	222	391	424	—	—	—	—

续表

年龄(岁)	身高		胸厚		最大肩宽		最大体重		体厚	
	P50	P95	P50	P95	P50	P95	P50	P95	P50	P95
26~35	1572	1661	198	236	396	435	—	—	—	—
36~60	1560	1646	208	251	405	449	—	—	—	—

注：1. P50 表示 50% 的原测值小于此值，即原测值的中位数；
　　2. P95 表示 95% 的原测值小于此值。

当行人携带有行李物品或带着小孩时，其所占用的宽度自然也要增加，行人的空间需求就要包括行李或小孩所占的面积，因此，还要考虑行人的负载。《交通工程手册》中以宽度表示行人所占用的空间，其中关于行人携带不同物品时占用宽度的统计情况如表 6-5 所示。

表 6-5 行人携带不同物品时占用宽度

旅客负重情况	占用宽度/m
单身不携带物品	0.60~0.70
单手提物或怀抱轻物	0.70~0.80
双手携轻物或一手一肩负轻物	0.75~0.85
背负重物	0.80~0.90
背负重物与手提重物	0.85~1.00
成人携小孩或拉杆箱	0.90~1.00
肩挑重物	1.00~1.80

（4）人群流量

人群流量是指一定时间内，沿一个方向通过单位长度的人数。人群流量的单位是人/(m·s)，它是衡量一个场所通行能力的重要参数，可由人群速度乘人群密度或人均空间得到：

人群流量＝人群速度×人群密度＝人群速度/人均空间

人群流量在方向分布上是相对平衡的，但在时间分布上则很不均衡，但呈一定规律性。例如，节假日和旅游季节，消费性乘车显著增加；一日内的客流高峰在上、下班时间和上、下学时间。

（5）人群构成

人群的年龄组成、性别组成、文化程度、职业、兴趣爱好、性格、出行目的和心理等方面的差异会对人群速度、人群密度、安全意识等产生影响，见表 6-6。当人群中出现明显不均一性时，有可能发生危险。

表 6-6 不同人群构成的出行特征比较

因素	人群速度	个人空间	安全意识
年龄	成年人 1.0~1.3m/s 之间；儿童随机性较大；老年人较慢	成年人 0.9~2.5m²/人；儿童要求比较小；老年人要求大	成年人重视交通安全，安全意识较强；儿童喜欢任意穿梭
性别	男性比女性稍快	男性大于女性	大致相当
出行目的	工作出行速度较快；生活出行速度较慢	—	大致相当
文化程度	—	受教育程度高的人一般要求较高	受教育程度高的人一般注重交通安全

续表

因素	人群速度	个人空间	安全意识
因素	人群速度	个人空间	安全意识
个人心情	心情闲暇时速度正常,反之较快	心情闲暇时空间需求正常,紧张时要求较小,烦躁时要求较大	心情闲暇时注意力容易分散
生活区域	城市人普遍生活节奏快;乡村人速度慢	—	城市人安全意识较强于乡村人

第二节　地铁行人运动及疏散

【学习目标】

1. 熟悉行人运动及疏散的实验研究。
2. 熟悉行人运动及疏散的经验公式。
3. 熟悉地铁行人运动及疏散方式。
4. 熟悉行人交通仿真研究现状。

对行人运动及疏散的研究主要有以下两种方法：

实验。通过实验的方式，了解行人运动及疏散的整个过程，并从中提炼出某些特性参数进行分析。

建立数学公式或数学模型。早期研究多是通过实验观测归纳提炼出人员运动及疏散的经验公式。而今，随着计算机技术的普及和发展，越来越多的研究人员通过计算机仿真的方式，对行人运动及疏散过程自主编程模拟进行研究。

一、行人运动及疏散的实验研究

1. 基本图观测实验

早期的行人运动及疏散实验主要是采取观测和统计分析的方式，获得对人员流动状态定量描述的基本图，即速度-密度关系图和流量-密度关系图。

1937年苏联艺术科学院建筑研究所（VAKH）首次开展了行人观测实验，发现行人运动速度与行人密度成反比；1946—1948年苏联火灾防治科研中心（VNII-PO）测量了不同年龄段、不同季节行人所占空间的大小，提出了行人密度的概念，通过大量场所的实验观测，获得了行人流特征的定量表达；1958年英国交通科学家Hankin和Wright通过对伦敦地铁通道内行人流的观测，建立了单方向行人流的基本图；此后，德国交通学家 D. Oeding（1963年）、苏联学者 Predtechenskii（1966年）、英国学者 Older（1968年）、美国密苏里州大学 F. Navin和 R. Wheeler（1969年）分别对多方向行人流、群体行人流、购物行人流、学生行人流进行了观测，通过回归分析建立了速度-密度基本图。

近年来，图像处理技术的进步帮助研究人员获取了更加精细的观测数据。2002年，东北大学研究人员张培红等在东北大学校园观测了人员流动状况，归纳得到了平直通道、弯道、楼梯等设施与人员速度的衰减关系；2005年，德国 Julich 研究中心的 A. Seyfried 等开展了单列行人流的观测实验，建立了行人运动的基本图；2009年中国科技大学的刘轩等借鉴同样的实验步骤，利用数字图像处理技术对行人运动特征进行了分析；2004年，日本静冈大学 M. Isobe 等在2m宽、12m长的通道中开展了对向流观测实验，在人群密度为0～

▶拓展阅读◀
地铁行人运动及疏散

0.5 时进行了 8 组实验,获得了速度—密度基本图;2006 年,德国杜伊斯堡-埃森大学 T. Kretz 等在 2m 宽的走廊内开展了对向流观测实验,通过对视频数据的人工统计分析,获得了对向行人流速度、流量等相关参数;2008 年,重庆大学的研究人员王延钊等对地下空间环境中的行人运动特征进行了观测,获得了在平直通道、通道拐角、楼梯等处行人运动速度-密度基本图;同年,武汉大学研究人员方正等在春运期间对火车站出站口旅客运动情况进行了实地观测,获得了出站口旅客速度-密度基本图。

实验发现,不同国家观测获得的行人运动基本图具有大致相同的变化趋势,但具体数值之间存在差异,差异的原因可能是由于不同文化背景的行人在运动过程中希望与他人保持不同的距离,且部分运动特征,如迈步频率等也对行人流的动力学特征具有直接影响。

2. 不同建筑结构的可控实验

众多研究者针对建筑结构的不同特性开展了一系列实验研究。

针对建筑出口:美国学者 J. J. Fruin、以色列学者 A. Polus 和英国学者 B. D. Hankin 等通过观测,分别给出了建筑出口流量系数的取值范围。

对于瓶颈处:德国杜伊斯堡-埃森大学 T. Kretz 等通过正常状态下瓶颈处行人疏散实验的开展,研究了瓶颈宽度对疏散结果的影响;荷兰代尔夫理工大学 W. Daamen 等根据实验观测数据,研究了狭窄瓶颈处人员的疏散特性,获得了饱和状态下行人通过瓶颈的微观数据及瓶颈上游空间利用情况特性,分析了瓶颈内部及瓶颈上游处速度-密度基本图,并根据行人跟踪数据,分析了楼层变化及楼层间连接方式变化对路径选取的影响。

针对道路转角:英国兰卡斯特大学 G. Keith Still 对道路转角与人群疏散效率的关系进行了定性研究;匈牙利 Dirk Helbing 等通过分析走廊宽度局部增大对行人通行效率的影响,提出了走廊边界变化角度与行人通行效率的关系曲线。

对于楼梯:日本早稻田大学 T. Watanabe 等观测分析了上了楼梯的人群在楼梯口的行为特征,发现行人总是根据其自身和前方行人来调整其的运动方向及速度。

3. 特殊环境的可控实验

在早期研究中,日本的 T. Jin 等(1990 年)分析了烟气对人员情绪的影响;1997 年,T. Jin 通过在刺激性烟气中开展的人员疏散实验,研究了烟气浓度对人员视距、行走速度及心理特征的影响。

1998 年,美国学者 G. Jensen 提出烟气能减少能见度,并说明在烟气中影响能见度的关键因素不是亮度而是可视距离。

2004 年,日本静冈大学 M. Isobe 等开展了烟气情况下人员的疏散实验,发现声音信号在烟气情况下对疏散行为具有明显的影响。

2004 年,日本学者 Ryoichi Nagai 等研究了能见度为零时建筑出口分布对行人疏散的影响;2005 年,Ryoichi Nagai 等通过爬行疏散实验模拟了烟气环境下的疏散问题。

2007 年,日本京都大学学者 Y. Akizuki 等对不同光照条件、烟气密度和行人视力下的疏散过程进行了分析,研究人员视力水平对疏散的影响。

2007 年,瑞典的 Daniel Nilsson 等开展了事前未通知的电影院疏散实验,通过对疏散人员行为的观察及预动作时间的测量,分析了紧急情况下初始阶段社会影响的作用;同年,Nilsson 又开展了公路隧道的疏散实验,以了解驾驶员面对火灾紧急情况时的行为和情绪反应以及人员间社会影响的作用。

2009 年,荷兰的 Margrethe Kobes 等通过未通知的夜间宾馆火灾疏散演习的开展,研究了烟气、建筑布局、疏散路线标识以及建筑熟悉程度对人员疏散路径选择的影响;2010

年，Margrethe Kobes 等通过真实宾馆实验和虚拟现实模拟两种方式，比较研究了火灾疏散中疏散者的路径选择、预疏散时间、预疏散行为、移动时间、疏散行为等参数。

4. 特殊人群的可控实验

日本早稻田大学的 Y. Furulcawa 等通过在实验中使普通行人负重的方式模拟有轮椅存在的真实疏散场景；日本学者 S. Tsuchiya 等设计了 20 余个行人参加的疏散实验，采取部分行人乘坐轮椅的方式，研究坐轮椅的行人所占百分数、轮椅宽度等参数对整体疏散特性的影响。

5. 动物实验

由于伦理、法律等因素的限制，真实场景的行人逃生实验很难开展。近年来，一些研究者利用动物实验的方式来研究人群疏散问题，如菲律宾国立大学 Ceasar Salotna 等研究了老鼠惊恐时的逃生动力学，实验发现了群体惊恐行为及建筑空间对疏散的限制；古巴哈瓦那大学 E. Altshuler 利用蚂蚁替代行人，通过较低惊恐场景和较高惊恐场景两组实验对比，发现在惊恐条件下，对称出口房间的出口利用率不均，其再现了人类恐慌状态下的逃生行为。

二、行人运动及疏散的经验公式

人员疏散的早期研究多采用实验观测、事后访问等方式。日本的 K. Togawa、英国的 S. J. Melink 和 Booth、加拿大的 J. L. Pauls 等学者在大量观测的基础上，分别提出了人员疏散时间的经验计算公式。英国伦敦运输局（London Transit Board）、加拿大 J. L. Pauls、苏联 V. M. Predtechenskii 和 A. I. Milinskii、美国 J. J. Fruin 等机构或学者研究了人员运动速度与密度之间的关系。

1. Togawa 公式

日本学者 K. Togawa 推导出的疏散时间 T_e，其近似计算公式为：

$$T_e = \frac{1}{N'B'} \left[N_a - \sum_{i=1}^{n} \int_0^{t_0} N_i(t) B_i \varphi_i(t) \mathrm{d}t \right] + T_0$$

式中，N_a 为建筑物内疏散总人数，人；$N_i(t)$，N' 为第 i 个出口和最终出口处的单位宽度人员流量，人/(m·s)；n 为出口总数，个；B_i，B' 为第 i 个出口和最终出口的宽度，m；T_0 为出现定常人员流动时的时间，s；$\varphi_i(t)$ 为第 i 个出口处人员滞留系数，即聚集在该出口人数所占的百分比。

公式右边第一项描述了在出现定常流之后疏散所用的时间，此刻疏散时间仅与最终出口的疏散能力有关，积分项是指从疏散开始到出现定常流时从各出口离开的人数。其简化公式为：

$$T_e = \frac{N_a}{N'B'} + \frac{k_s}{v}$$

式中，k_s 为从最终出口到人流起始端的距离，此处假设第一个行人到达最终出口后的疏散队列是连续的，则 k_s 可视为第一个行人运动到最终出口的距离；v 为人流运动速度，m/s。

在实际疏散过程中，考虑行人不可能连贯地跟随在第一个行人之后，故由上式计算出的疏散时间为最短疏散时间。

2. Melink 和 Booth 公式

英国学者 S. J. Melink 和 Booth 推导的计算高层建筑总体疏散时间的经验公式为：

$$T_e = \max(T_r) = \max\left(\frac{\sum_{i=r}^{n} Q_i}{N'b_{r-1}} + rt_s \right)$$

式中，T_e 为整个 n 层建筑的最短疏散时间，s；T_r 为第 r 层（$1 \leqslant r \leqslant n$）以上行人疏散出来的最小时间，s；$Q_i$ 为第 i 层的人员数量，人；N' 为单位宽度楼梯通过的流量，人/（m·s）；b_{r-1} 为从 $r-1$ 层到 r 层的楼梯宽度，m；t_s 为不拥挤情况下，人员下降一层所需要的时间，一般取 16s。

3. Pauls 公式

加拿大学者 J. L. Pauls 通过大量疏散演习观测，归纳了一系列多层建筑疏散时间的计算公式，提出了有效楼梯宽度的概念，即楼梯实际可用宽度应扣除楼梯两侧由于边界效应不可用的部分，并获得了楼梯处平均行人流量的经验拟合公式：

$$f = 0.206 p^{0.27}$$

式中，f 为平均行人流量，即每米有效宽度楼梯每秒通过的行人数量，人/（m·s）；p 为每米有效宽度楼梯疏散的人数，即实际总疏散人数除以楼梯有效宽度，人/m。

对于多层建筑，其疏散时间的拟合公式为：

$$T = 0.68 + 0.081 p^{0.73} \quad p \leqslant 800$$
$$T = 0.70 + 0.0133 p \quad p > 800$$

式中，T 为经楼梯未加控制疏散所用的最短时间，min；p 为在紧邻出口层上面的楼层测得的每米有效宽度楼梯所容纳的实际人数，人/m。

4. Predtechenskii 和 Milinskii 速度—密度关系式

苏联学者 V. M. Predtechenskii 和 A. I. Milinskii 通过大量实验观测，归纳得到正常状态下水平通道内行人运动的速度—密度关系式为：

$$v = 112 D^4 - 380 D^3 + 434 D^2 - 217 D + 57$$

式中，v 为正常状态下水平通道内行人运动的速度，m/s；D 为根据行人空间集合尺寸得到的密度值，人/m²。

不同学者应用不同测量方法获得的 D 值有所差别，如 V. M. Predtechenskii 和 A. I. Milinskii 认为穿着春秋装情况下的成年人平均投影面积为 0.113m^2。

▶拓展阅读◀
行人交通仿真研究现状

第三节　城市轨道交通车站大客流疏导措施

【学习目标】
1. 熟悉北京地铁车站大客流疏导措施。
2. 熟悉上海地铁车站大客流疏导措施。
3. 熟悉广州地铁车站大客流疏导措施。
4. 熟悉香港地铁车站大客流疏导措施。
5. 熟悉东京地铁车站大客流疏导措施。
6. 熟悉纽约地铁车站大客流疏导措施。

一、北京地铁车站大客流疏导措施

北京地铁主要采取限流方式，保证运营安全。对地铁运营而言，限流是指一定时间内限制进站上车或换乘通行的客流量，以达到保障乘客安

▶教学微视频◀
轨道交通大客流组织方法

全、确保线路顺畅的目的,这也是运营方所使用的常态化客运组织措施之一,"用时间换安全""牺牲局部保全局"。

北京地铁目前共有 80 余座常态限流车站,限流时间基本都集中在每天早 7~9 时的早高峰时间段,其中限速限流是目前最常用的方法,通过设置导流围栏,减慢客流流动速度,缓解拥堵。如北京南站、西直门等大部分站点都是采取这种方式。除了限速限流,有些站点还会采取限时方式进行限流,如通州北苑站,乘客进站时,地铁工作人员会在进站口进行限流,等一定时间后,再允许第二批客流进站。另外,还可以通过减少进出站闸机、关闭部分自动售票机、减慢进出站人数、限制人数实现限流。

通过限流,能够有效避免因大客流可能产生的拥挤、踩踏、坠落隧道等安全隐患,均衡各车站单位时间进站客流,提高整体运营效率,并且能够有效减少列车车门关不上、列车晚点等现象。

当路网中某一条或几条线路运营压力过大,可能危及地铁运营网络整体安全时,地铁公司会采取列车在某一站通过不停车方式。

二、上海地铁车站大客流疏导措施

上海地铁 2 号线人民广场站,通过改变换乘方式,确保运营安全与乘客安全。即在早上 7:30~9:30、下午 4:30~6:30 的高峰时段,将原来南北两条双向换乘通道改为单向通道,形成"顺时针"单向换乘的客流组织方式,减少不同方向的客流对冲。采用"顺时针"换乘方式,主要是为了解决北侧短通道人流拥挤的状况。在工作日的早晚高峰时段,北侧短通道大客流对冲现象严重,通行压力较大,运营安全存在隐患,如图 6-3 所示。

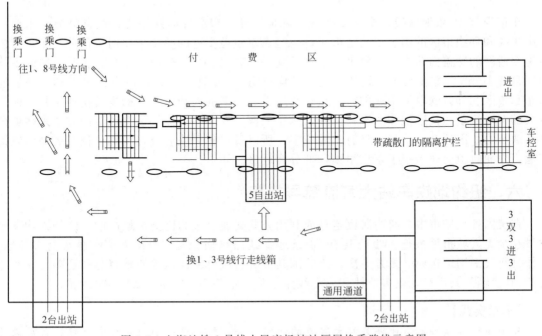

图 6-3 上海地铁 2 号线人民广场站站厅层换乘路线示意图

三、广州地铁车站大客流疏导措施

广州地铁主要考虑车站客流量和列车满载率两大因素选取限流车站,限流车站主要分布在满载率超过100%的两条线路上。换乘站客流控制遵循"由下至上，由内至外"和"先控制入闸客流，再控制换乘客流"的原则，确保站台安全性，避免客流失控。当换乘站客流大时，临近车站配合进行限流。在限流时段内，采取关闭部分自动售票机、闸机、出入口，设置站内外限流栏杆，出入口分批进站以及列车"飞站"等方式缓解高峰客流拥堵，均衡各站进站客流，有效分配线路运输能力。客流控制策略从"被动应急"调整为"主动干预"，以"主动计划性地控制"取代以往"被动应急性地控制"措施，即根据工作日及节假日的客流规律，进行系统的分析和论证，总结归纳定时启动客流控制的具体车站和时间段，以便在大客流到来之前，主动、及时地实施客流控制措施，确保现场客流始终处于有序、可控状态，为确保客流组织安全打下坚实的基础。科学选取联控站点，合理分配客流数量。通过系统论证，利用OD数据、列车满载率、客流组成等多方面的分析计算，综合考虑后选取客流控制车站，分配需要控制的客流量。

四、香港地铁车站大客流疏导措施

香港地铁公司是采用同站台换乘形式的典范。目前港铁网络共13个换乘车站，其中9个能够实现同站台换乘，换乘时间只需15s，人员运转速度快，运营系统高效。

查看香港地铁线路图可知，香港地铁换乘的线路都尽量平行相邻，在同一个平台换乘，然后再分开走。即使其长远规划图中，地铁线路加密后，也很少在线路交叉处做换乘站。

同站台换乘的主要优点是换乘距离短，换乘客流可以迅速抵达目的地，而不必滞留在途中，有助于减少交通拥堵。但是客流缓冲能力小，施工技术难度大。

五、东京地铁车站大客流疏导措施

东京现有12条地铁线，全长292km。除地铁外，东京日本铁路公司运营的穿过市中心的中央线和环绕市区的山手线轨道电车，也是东京轨道交通的一个重要组成部分。东京市内轨道交通网的覆盖面非常广，每平方千米的地铁站数量为1.66个。居民到最近车站的平均时间只有10min。靠步行去车站的居民，平均只用9min就可以到达离自己最近的车站。遍布东京市区和郊区的轨道交通网，是在东京工作和生活的人赖以生存的主要交通工具。面对巨大的交通流量和接近饱和的平行区间，东京采取了发展"立体轨道交通"的方法来缓解公共交通压力。因地铁造价高，且有土地成本，所以日本各大铁道公司特别重视发展地面轨道交通，地面轨道交通承担了东京很大一部分客运量。

六、纽约地铁车站大客流疏导措施

在美国各大城市中，纽约居民走路或利用公共交通上班的比例是最高的，纽约人均碳排放量在全美大城市里最低。纽约共有24条地铁线路纵横交错，468个车站遍及全市各地。工作日每天平均运送500多万人次，比美国其他所有城市地铁运送的乘客总和还多。纽约还有5900多辆公共汽车，很多地铁和公交线路都是一年365天、全天24小时运转。

【本章实践】

分小组模拟演练本市地铁某站大客流的组织工作，然后进行小组自评和互评，最后教师讲评，取长补短，开拓完善知识内容。

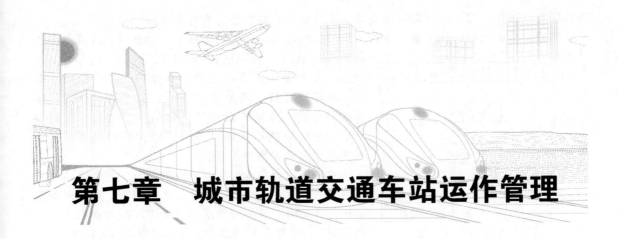

第七章 城市轨道交通车站运作管理

车站运作管理是城市轨道交通运营管理最基础也是最重要的环节。车站是城市轨道交通面对乘客的服务窗口和形象标识,车站服务质量与运营效率的高低直接影响乘客的满意度评价。

车站在运作的过程中会出现各种各样的问题,作为一名优秀的员工,必须要做到"招之即来、来之能战、战之能胜"。为了能更好地服务乘客、维护公司的形象、保护自我人身安全,我们需要熟悉车站岗位架构,严格遵循岗位职责。

本章通过介绍轨道交通车站岗位架构,对车站各岗位职责、作业流程以及车站的日常运作管理等各个环节做了详细介绍,内容包括车站组织架构、站务员岗位职责及作业流程、客运值班员岗位职责及作业流程、值班站长岗位职责及作业流程、车站开/关站作业流程等。

第一节 站务员客服中心岗位职责及作业流程

【学习目标】
1. 熟悉城市轨道交通车站组织架构。
2. 掌握站务员客服中心岗位的职责及作业流程。
3. 掌握城市轨道交通车站售票员交接班、配票结算、售票窗口作业标准。

轨道交通现在已经成为城市交通必不可少的环节,它是未来城市发展水平的标志。地铁岗位目前已经成为社会就业的生力军。进入轨道交通行业,首先要知道车站的岗位架构,了解岗位职责及工作流程,这样才能更好地定位自己,实现自己的岗位理想,以求出色地为乘客服务。

在轨道交通岗位架构中,站务员岗是车站的神经末梢,他们深入工作基层为乘客服务,因此他们工作的熟练程度、业务水平直接影响着车站的运行;他们的一举一动、一言一行也代表了轨道交通的形象。做好站务员工作是我们进入地铁岗位的必修课。

一、车站组织架构

地铁运营单位负责地铁运营筹备和运营生产管理,向社会提供运输服务,保证地铁运营安全顺畅,实现运营收益目标。根据其生产需要可分三大块进行管理,即综合、维修和车务。

综合: 负责为一线部门提供安全技术、人力、物资、后勤保障等方面的服务,确保整个公司的有序运作。其架构可按安全技术、人力资源、物资、综合业务等分别设置。

维修：主要负责地铁车辆、工程车辆及检修设备、环控、给排水、电扶梯、屏蔽门、低压照明、AFC、SCADA、EMCS、FAS、通信信号、轨道、隧道及房建等系统的日常维护保养，计划性维修和故障性维修以及紧急状态下抢修及综合管理，保持地铁车辆、各系统设备呈良好的运用状态。其架构一般按车辆检修和其他设备检修两大部门设置，也可根据不同的系统细分设置。

车务：主要负责运营方案的编制与实施，具体负责行车组织指挥、车站客运服务、票务管理、列车服务等工作。其架构一般按策划部门、调度控制指挥中心、车站管理部门、票务管理部门、司机管理部门来设置。

车站管理部门：主要负责车站面向乘客的服务和车站人员、设备、设施的管理工作以及各车站的具体运作，包括行车、客运、票务、综合治理等，其架构与岗位设置如图7-1所示。

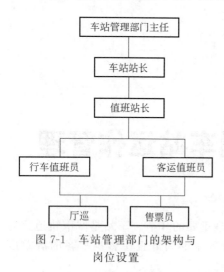

图7-1 车站管理部门的架构与岗位设置

二、站务员客服中心岗位的职责及作业流程

我国各城市轨道交通系统对站务员的具体岗位描述有一些差异。例如，有些地铁的站务员工作包括售票、问讯、厅巡等，而有些地铁车站则按上述工作内容将各岗位自定义为售票员、售/检票员、厅巡员等。但不论岗位如何定义，其具体负责的是车站最基层的工作，其内容大致如下。

1. 通用标准

按规定统一着装，挂牌上岗。
上岗时精神饱满，举止规范，态度和蔼。
遵章守纪，坚守岗位，服从车站管理。
认真负责，履行岗位职责，遵守职业道德。
扶老携幼，遵守公德，服务为本，不损害乘客利益。
服务语言文明，讲普通话，使用"您好、请、谢谢、对不起、再见"十字文明用语。

2. 岗位技能

熟练掌握BOM（POST）机、TVM的操作方法。
熟练掌握对票卡的分析，熟知票务政策。
掌握售票员结算单及乘客事务处理单等相关报表的填写。
按照公司规定掌控车票、钱款的操作，确保车票、现金安全。
处理与乘客相关的票务事宜。
其他需要掌握的相关技能。
掌握车站周边的地理环境及交通状况。

3. 岗位职责

执行分公司、部、中心、车站的有关规章制度，做到有令必行，有禁必止。
在客运值班员的领导下，负责车站售票工作，按规定处理与乘客相关的票务事宜。

按规定时间开关售票窗口。

严格执行"一验、二售、三找、四清"的作业程序，准确发售票、卡，按规定提示乘客确认票卡面值，不得拒收分币。

负责售票问询处的相关工作，热情接待乘客，对乘客提出的问题，要按规定妥善解决。

对无法过闸票卡进行分析，并按规定处理。

完成相应票务报表的填写，准确填写结算单，交清当班票款。

能正确使用设备，处理简单的 AFC 设备故障，确保售票亭内整洁和设备内部的清洁。

加强防范，确保票款安全。

完成上级布置的其他票务工作。

4. 客服中心岗位工作流程

车站客服中心岗位的工作地点在各车站的客服中心或临时售票点。其对乘客的服务时间为营运开始至本站最后一班车开出的前 5 分钟。服务业务的内容是问询、售票、兑零、充值、退票、验票、挂失、异常票务事务处理等。

（1）班前

首班客车到站前，按规定着装，到车控室签到，参加点名交接班，学习重要文件、指示，了解当天工作的注意事项，听从当班值班站长的岗位安排。

到点钞室领票，领取备用金；依据《售票员结算单》上所列车票的数量、备用金等当面清点，并在《售票员结算单》上确认并签收；领取客服中心钥匙（若为第一班，则向客运值班员领取；若为接班人员，则向交班人员领取），做好早班开窗准备。

检查对讲设备、乘客求助按钮能否正常使用。

检查票务设备、备品的状态、数量（如验钞机、分钞盒、发票等）。

检查票务处卫生和票务处外栏杆、立柱的摆设。

检查票务处内有无来历不明的现金、车票；如有问题，立即上报值班站长或客运值班员。

检查并填写《票务处交接班本》。

接班程序：登记进入 BOM；摆放好车票；叠放好一盘硬币；将备用金放入抽屉；将本班验钞机投入使用。

（2）班中

开启 BOM 设备，使用自己的密码、员工号登录。

开始办理业务，有关工作要求如下：

保持票务处的整洁，票证、报表、钱袋摆放整齐。

车票在交给乘客之前，必须经 BOM 分析，确保每一张车票的有效性，并需乘客确认；若有异常情况需立即通知客运值班员前来确认，不能将问题的车票发售给乘客。

在售票时，不得私自接受外币和支票。

若报表、车票、备用金不足时，售票员须提前要求客运值班员补充；客运值班员补充车票、备用金后，须在《售票员结算单》上注明。

当售票员由于个人原因误收假币时，原则上由售票员负责补齐。

由客运值班员依据本站的实际情况，从售票员处及时收取预收款，当面清点，并在《售票员结算单》上签收。

锁好门，不能让非当班人员随意进出。

当乘客索取发票时，给予相应面额的报销凭证给乘客。

严格按售票作业程序工作，具体程序见表 7-1。

表 7-1　售票作业程序

步骤	程序	内容
1	收	收取乘客购票的票款
2	唱	讲出票款金额,重复乘客要求的购票张数和车票类型,如未听清乘客的要求,应主动礼貌地询问
3	操作	正确、迅速的操作: 检验钞票真伪,如钞票为伪钞,则要求乘客另换张钞票; 在 BOM 上选择相应功能键,处理车票,让乘客确认余值
4	找	清楚地说出找赎金额和车票张数,将车票和找赎的零钱一起礼貌地交给乘客

发现站厅异常情况(如乘客携带"三品",乘客纠纷,老、病、伤、残等特殊乘客进闸等)及时通报相关岗位或车控室。

交班程序:

最后一趟载客列车到站前 5 分钟停止兑零、售票;摆好"服务停止"牌。

退出 BOM,报告车控室。

搞好票务处卫生,整理好票务处内务:将抽屉里的钱和车票整理放入票盒;将硬币清理好装回硬币袋;将本班验钞机关掉;拿走本班的钱袋。

填写《票务处交接班本》。在《BOM 操作员交接台账》上进行登记。

收齐自己的物品,交接客服中心内的票务工器具,拿齐所有车票、现金回 AFC 点钞室结账。

结账完毕到值班站长处报到,在《当班情况登记本》上签名下班。

车站售票员交接班作业标准见表 7-2。

表 7-2　车站售票员交接班作业标准

作业性质:例行		作业项目:车站售票员交接班作业
作业条件		①接班售票员按时到岗接班,交班售票员已做好交班准备工作; ②乘客事务未处理完毕时,严禁办理交接手续
作业工器具		①BOM 机; ②BOM 外置读卡器; ③SAM 卡; ④验钞机
安全要点		①办理交接班须在不影响客服质量时进行,避免发生乘客投诉事件; ②交班人必须确认 BOM 已退出,接班人必须用自己的用户名及密码登录,防止发生票务违章
作业项目		作业步骤及标准
1. 票务室的交接作业		①配票,标准:售票员与客运值班员当面清点所配发的钱、票无误后,双方在《售票员结算单》上签章确认; ②备品借用,标准:售票员上班时,售票员核对 BOM 外置读卡器、SAM 卡及相关钥匙无误后,在《票务钥匙使用记录表》签名登记; ③结算,标准:客运值班员与售票员当面清点所上交的钱、票,确认无误并核对报表填写正确后,双方在《售票员结算单》上签章确认; ④备品归还,标准:售票员下班时,客运值班员核对售票员所归还的 BOM 读卡器、SAM 卡
2. 客服中心的交接作业		①与客运值班员办理接班,标准:早班售票员根据《车站售票问询处交接记录表》中的内容与客运值班员核对无误后签名确认; ②交班准备,标准:接班人检查票务设备状态,清点票务备品、钥匙、BOM 外置读卡器及 SAM 卡;按指定区域摆放物品并将临时票务规定等重要注意事项记录于《车站售票问询处交接记录表》; ③接班作业,标准:交班人设置暂停服务牌,收拾好自己的钱、票、报表以及工号牌等物品,退出 BOM; ④接班作业,标准:接班人认真核查《车站售票问询处交接记录表》中所填写的交接内容是否属实,是否存在漏填和错填现象,使用自己的用户名登录 BOM; ⑤交接确认,标准:双方在《车站售票问询处交接记录表》中交接栏中签名确认,并向值班员汇报,接班人确认客服中心门锁好,插入工号牌,撤除暂停服务牌,开始服务

车站售票员配票、结算作业标准见表7-3。

表7-3 车站售票员配票、结算作业标准

作业性质:例行	作业项目:车站售票员配票、结算作业
作业条件	①首班车到站前15分钟或停止服务后售票员需要进行的作业; ②售票员的配票、结算需与客运值班员双人在场
作业工器具	①配票箱1个; ②BOM外置读卡器1个; ③客服中心钥匙1把
安全要点	①客运值班员与售票员必须当面清点所有车票及备用金并确认签章; ②在票务室配票和结算必须在摄像头有效范围内进行并确保票务室门已锁闭; ③防止填写报表或输SC时填(输)错、填(输)漏
作业项目	作业步骤及标准
1.售票员配票	①配备票务备品、工器具,标准:售票员在客运值班员处领取当班所需的客服中心钥匙和BOM外置读卡器、SAM卡后在《票务钥匙使用记录表》上进行登记; ②配备车票及备用金,标准:售票员与客运值班员双方当面清点所配车票以及找零备用金,售票员清点确认后双方在手工《售票员结算单》上签章确认。同时在SC录入相关票、款信息,打印《售票员配票款清单》,售票员签名确认; ③追加配备车票或备用金,标准:在运营过程中,如售票员需要追加找零备用金(或车票)时应补登记在《售票员结算单》"备用金配备"(或"票种")栏,双方签章确认,由客运值班员在SC上登入所追加的相关数据,打印《售票员配票款清单》,售票员签名确认; ④配备预制票,标准:在运营过程中根据客流变化或设备情况需要配备预制票时,客运值班员在经站长或值班站长授权后配备,同时在《售票员结算单》相关栏注明,由客运值班员在SC上输入相关数据,打印《售票员配票款清单》,售票员签名确认
2.售票员结算	①结算准备,标准:售票员下班结算需退出BOM系统并携带本班所有的现金、车票及各类报表回AFC票务室; ②车票清算,标准:售票员退回的单程票、乘客退票(含无效票)需经客运值班员与售票员共同点数及检测状态后确认; ③票款清算,标准:与客运值班员共同清点票款并计算数额由客运值班员填写《售票员结算单》的"回收张数""实收金额"等栏目。客运值班员核查无误后填制退款金额、备用金余额等相关栏,填写完毕后双方签章确认; ④数据录入,标准:清点、检查确认后,客运值班员在SC上输入售票员备用金余额和实收金额等数据,打印《售票员下班上交票款清单》,售票员签名确认后统计售票员结算单,核对应收款项; ⑤报表处理,标准:售票员所填制的相关报表须经客运值班员检查确认; ⑥备品归还,标准:晚班售票员需交还客服中心处钥匙、BOM外置读卡器、SAM卡等并进行登记

地铁车站售票窗口作业标准见表7-4。

表7-4 车站售票窗口作业标准

作业性质:例行	作业项目:车站售票窗口作业
作业条件	①车站运营时间内; ②人员精神状态良好
作业工器具	①半自动售票机1部; ②验钞机1部
安全要点	①防止误充值、误操作; ②避免乘客投诉
作业项目	作业步骤及标准
1.作业准备	①检查仪容仪表,标准:上岗前发饰保持整洁,长发女员工须将头发挽于发网内;统一穿着工作制服,佩戴领带(领结),不卷袖挽裤,当班时要精神饱满,避免显露疲态; ②放置服务牌,标准:把本人服务牌插入牌座,置于窗口旁乘客容易看见的位置; ③整理钱票,标准:把现金、车票放置在收银箱内,硬币可放置在硬币盘内

续表

作业项目	作业步骤及标准
2. 售票操作	①收取钱、票,标准:面带微笑,正视乘客,口说"您好",接过乘客的钱、票; ②唱票,标准:口说"收您XX元",通过验钞机和人工确认真伪,把钱放桌面; ③充值操作,标准:操作完毕后五指合拢,手掌指向BOM显示器请乘客确认充值金额,口说"充值X元,请确认"; ④售卡操作,标准:操作完毕后五指合拢,手掌指向BOM显示器请乘客确认,口说"余值X元,请确认"; ⑤找零,标准:按乘客需求把大钞兑换成零钞,交予乘客,口说"找您XX钱,请确认",与乘客礼貌告别,口说"请慢走"
3. 咨询指引	①乘客咨询,标准:回答乘客询问时应耐心有礼,双面注视乘客;不能立即为其服务时,应口说"对不起,请稍等"; ②乘客指引,标准:为乘客指引时应五指并拢,掌心向上,以肘关节为支点,前臂自然前伸,指向目标

第二节 站务员巡视岗位职责及作业流程

【学习目标】
1. 掌握城市轨道交通站务员巡视岗通用标准及岗位技能。
2. 掌握城市轨道交通站务员岗位职责总则、站厅巡视岗职责、站台巡视岗职责、站台巡视岗注意事项。
3. 掌握城市轨道交通站务员巡视岗班前、班中、班后巡视流程。

随着生活水平的提高,现在人们越来越关心自己的人身安全问题。轨道交通作为现代城市炙手可热的交通工具之一,安全问题不容出任何差错。作为站务员,不但要关心乘客人身、财产的安全,还要时刻关注地铁车站设备的运行状况,班前、班中、班后协助部门开展工作,责任重大。这就要求车站站务员对其工作内容及作业流程必须熟练掌握。

本节主要介绍车站站务员(站厅巡视岗和站台巡视岗)的岗位职责和作业流程,通过学习应熟练掌握车站安全员的工作内容及工作注意事项。

一、通用标准及岗位技能

1. 通用标准

按规定统一着装,挂牌上岗。
上岗时精神饱满,举止规范,态度和蔼。
遵章守纪,坚守岗位,服从车站管理。
认真负责,履行岗位职责,遵守职业道德。
扶老携幼,遵守公德,服务为本,不损害乘客利益。
服务语言文明,讲普通话,使用"您好、请、谢谢、对不起、再见"十字文明用语。

2. 岗位技能

掌握站台层发生意外情况时的各种处理方法。
掌握信号灯的使用及其显示规定。
掌握必须使用工具的操作和维护。

二、岗位职责及作业流程

1. 岗位职责

(1) 总则

实行属地管理,必须服从值班站长和值班员的指挥,执行值班站长和值班员的命令。

执行分公司、部、中心、车站的有关规章制度,做到有令必行,有禁必止。

注意乘客候车动态,防止跳下站台、进入隧道,维护车站正常的候车秩序。

引导乘客站在安全线内候车。

列车关门时,密切注意列车车门状态。

列车启动时,注意乘客和列车动态。

遇有清车或列车不停本站时,做好解释劝说工作。

车站发生伤亡事故时,做好取证工作,并协助公安人员清理现场。

完成上级领导临时交办的工作。

(2) 站厅巡视岗职责

站厅和通道巡视内容:注意站厅付费区、非付费区乘客的动态,发现有违反地铁规定(精神异常、醉酒的乘客等)的要及时制止,必要时请求警务人员或其他同事协助;帮助乘客,回答乘客询问,特别注意帮助老、弱、病和有困难及伤残乘客,为乘客提供优质服务;发现携带违反地铁管理条例物品("三品"、超长、超重物品等)的乘客,要及时劝其改乘其他交通工具并报车控室;引导不能正常进出闸的乘客到票务处处理;负责站厅员工通道门的管理。

负责处理简单的 AFC 设备故障;引导乘客正确操作票务设备,耐心正确地解答乘客咨询,如遇解决不了的问题应立即汇报车控室。

巡视车站范围为全站、各出入口外面 5 米范围内以及地面设施,巡视的重点为出入口、楼梯、自动扶梯、垂直电梯和站厅层公共区。要求巡视须认真、细致和周全;巡视完毕后要如实填写巡视台账,发现的问题必须在台账上详细注明,要有跟进措施,完成后签名确认;协助票箱、钱箱的更换(或清点)工作;完成其他相关票务事宜。

在站厅、出入口范围发生治安、安全(客伤)事件时,要及时赶到,保护现场,同时通知车控室,寻找两名及以上目击证人,对伤者可使用外用药。

负责站厅、通道设备、设施的安全,运营时间内定时巡视出入口并将巡视情况报车控室,车控室作记录。在出站客流高峰期,守候出站闸机,引导乘客出闸和防止单程票流失。发现有故意损坏或偷窃地铁设备、设施行为时要及时制止,留下肇事人,报车控室处理。

负责站厅员工通道门的管理,对进出通道门的人员进行严格登记;留意地面卫生,对水渍、杂物等及时清理或设置警示牌,防止乘客摔倒。

(3) 站台巡视岗职责

站台巡视内容:检查站台监控亭内所有设备、设施的状态是否良好,有无缺失(接班后第一次巡视站台时完成即可);检查消防设备、设施的状态;确认消火栓、灭火器箱上的封条是否完好,发现破封的,要检查里面的设备是否齐全;检查屏蔽门的状态,包括屏蔽门上的顶箱前盖板是否锁闭,屏蔽门和端墙门是否正常关闭等;检查上、下行尾端的缝隙灯状态是否良好;检查扶梯运行是否正常,包括扶梯有无异响,梯级上有无异物(有异物应及时清理)等;检查站台其他设备、设施的状态,如扶梯处栏杆、线路导向牌、站台候车椅等的状态是否良好(是否松动);留意站台乘客的候车动态,及时提醒特殊乘客注意安全(例如,对不便乘坐扶梯的乘客提醒其走楼梯），提醒乘客不要倚靠屏蔽门等。另外，巡视时还需要携带相关备品和钥匙，如对讲机、扶梯钥匙等。

巡视时发现携带违反地铁管理规定物品的乘客要及时劝其改乘其他交通工具并及时报车控室；发现可疑人员和可疑物品及时报车控室。

在巡视过程中如遇列车进站，必须按站台岗接发列车的标准和要求进行接发列车，监视列车运行状态、监控乘客上下车的状态。车门（或屏蔽门）关门时，确认其运作情况，发现车门（或屏蔽门）未关闭好时，第一时间通知驾驶员，并及时汇报车控室，负责处理故障屏蔽门。必要时，按规定或应驾驶员要求确认站台安全后向驾驶员显示"好了"信号。

按照规定巡视，对站台乘客候车秩序、站台卫生和安全负责，确保屏蔽门及以内区域的安全。

（4）站台巡视岗工作中的注意事项

在车门出现故障时，协助司机进行处理。

在屏蔽门出现故障时，按"先通后复"的原则进行处理，如故障无法修复，及时张贴故障纸。

当站台发生物品掉落轨道时，立即到站台做好乘客引导和安抚工作，通知值班站长到场处理。

当站台发生车门/屏蔽门夹人时，立即通知司机停车，给司机打紧急停车手信号，按压紧急停车按钮（投用时），并将乘客救出，初步了解原因，寻找两名及以上目击证人，做好站台乘客的引导，防止乘客围观。

当站台发生客伤时，立即到站台寻找受伤乘客，做好乘客的安抚工作，并向乘客了解受伤的经过，寻找两名及以上的目击证人。

当车站收到行调有关列车需在本站清客的通知时，立即到站台进行清客，引导车上的乘客到站台，维持站台乘客候车秩序，并做好乘客的解释工作，清客完毕后向司机显示"好了"信号。

其他特殊情况按《车务安全应急处理程序》执行。

2. 作业流程

（1）班前

早班上岗前到车控室签到，阅读文件，接受上级交待的工作及注意事项。

领取相关钥匙（票务设备钥匙、员工通道门钥匙、边门钥匙、自动扶梯钥匙、液压梯钥匙、屏蔽门相关钥匙等），在"门禁卡、钥匙借用登记本"上登记，领取站台应急卡、电喇叭、口哨、切门控钥匙和贴纸、信号灯或信号旗、对讲机等，在"车站备品（借）用登记本"上登记。

带齐工作备品准时到岗（中班签到后参加点名和交接班会，了解注意事项；与早班巡视岗按交接班制度规定岗上交接）。

（2）班中

站台立岗地点：立岗时，必须站立在站台两端"紧急停车按钮"附近5m区域内，站台有三名巡视员时，其中一个在站台中部。

站立姿势：接、送列车时，必须呈立正姿势，遵循"一迎、二接、三送"原则。其他时间可呈稍息姿势，但不得坐在站台座椅或灭火器箱上，不得双手背于身后或插在裤兜内。

一迎。列车进站前面向列车开来方向呈立正姿势，提醒乘客文明乘车，先下后上有序登车；站在黄色安全线内候车，切勿探头张望；分散车门上车。

二接。列车进站越过站立处所时,向左转 90°面向列车,左右扫视提醒乘客不要拥挤、不要手扶车门、注意列车和站台之间的间隙;列车上下客中间至发车前,注意防止乘客在列车和站台间隙处受伤;列车关门时防止乘客被车门夹伤。

三送。列车发出越过站立处所时,再向左转 90°面向列车尾部呈立正姿势,至列车尾部出清站台区域时结束。

上下行列车同时到站时,接发列车工作由各车站根据实际情况自行制定,原则上由处于列车头部位置的人员接发相应的列车。

除接发列车立正时间外,在下一次列车到站前应对站台区域进行不少于一次的巡视。

(3) 班后

上下行末班列车开出后,清理站台,确认站台区域无滞留乘客、无异常情况后向值班站长汇报。

按照就近的原则,协助关闭站台至站厅的自动扶梯。

夜班运营结束后,配合值班站长做好清客关站工作。协助客运值班员收取 AFC 设备钱箱和票箱并清点钱箱和票箱。将相关钥匙及对讲设备交还车控室,并在相应台账上注明,交接完毕后签字。

参加由站长或值班站长组织的车站交接班会(完工会),学习相关文件和业务知识,阅读当天文件或规章。

到车控室归还对讲机,签名下班。

第三节　客运值班员岗位职责及作业流程

【学习目标】

1. 掌握城市轨道交通客运值班员岗通用标准及岗位技能。
2. 掌握城市轨道交通客运值班员岗位职责。
3. 掌握城市轨道交通客运值班员日班、晚班的班前、班中、班后的作业流程。
4. 掌握城市轨道交通车站客运值班员运营结算、交接班作业标准。

本节主要介绍车站客运值班员的岗位职责和作业流程。通过学习应熟练掌握车站客运值班员的工作内容和工作注意事项。

▶教学微视频◀
客运值班员岗位
职责与作业程序

一、通用标准及岗位技能

1. 通用标准

按规定统一着装,挂牌上岗。
上岗时精神饱满,举止规范,态度和蔼。
遵章守纪,坚守岗位,服从车站管理。
认真负责,履行岗位职责,遵守职业道德。
扶老携幼,遵守公德,服务为本,不损害乘客利益。
服务语言文明,讲普通话,使用"您好、请、谢谢、对不起、再见"十字文明用语。

2. 岗位技能

能够处理简单的 AFC 设备故障。

掌握相关的票务报表、账册的填写。
掌握车站 SC 的有关知识，能够熟练操作车站 SC。
按照公司规定掌控有关车票、钱款的操作，确保车票、现金安全。
处理与乘客相关的票务事宜。
掌握车站的客流动态，协助值班站长合理安排售/检票员岗位。
其他需要掌握的相关技能。
掌握车站周边的地理环境及交通状况。

二、岗位职责及作业流程

1. 岗位职责

在值班站长的领导下，主管车站客运、票务管理，组织客运服务工作。

负责在 AFC 票务室内的票务处理终端上监控 AFC 设备及系统的运作，负责车票的收发、回收及保管工作。

负责车站营收统计工作，统计车票库存情况，及时申请调整库存车票种类、数量，负责各种票务收益票据填写及保管，在 AFC 票务室票务处理终端输入相应数据。

负责安排补币、补票工作及车票回收箱的清理工作，安排票箱、钱箱的更换及清点工作，保管车站的车票、现金及部分票务钥匙并负责其安全，负责票务备品的完整、齐全和车站收益解行的实施和安全。

协助值班站长管理站务员，处理与乘客相关的票务事宜。

安排、监督、协助售票员和厅巡的票务工作。

在非运营时间统计汇总当日营收情况。

紧急情况下，协助值班站长处理紧急事务。

执行分公司、部、中心、车站的有关规章制度，做到有令必行，有禁必止。

完成上级领导临时交办或外部门需协办的其他工作。

2. 作业流程

(1) 日班

1) 班前

清点车票、现金备用金、票款、钥匙、票务设备备品。

检查 AFC 设备、门禁卡/钥匙、工器具、备品条件及对讲设备情况，查看"值班员交接班本""票务钥匙交接记录本"是否按要求填写。

检查与票务、客运相关的文件、通知。

检查上一班的台账及票务报表，清点交接行李票、发票。

其他需要交接说明的事项，与交班值班员交接清楚后在有关交接簿上签名交接，登录 AFC 票务室 SC 系统。

2) 班中

首班车到站前给各售票岗配好票、备用金，并检查售票员到岗情况，对 BOM 进行管理卡认证。

巡视车站，监督指导客运及票务工作，检查售票员工作情况，进行必要的复核，监督票务政策的执行。

及时将相关数据输入 SC 系统，上交票务报表、车票。

处理相关客运、票务、乘客事务，做好车站客流组织与控制、票务设备故障的报修与处理及失物处理、乘客投诉等工作。

保持 AFC 票务室及售票问询处整洁，并检查是否有车票、现金遗漏，检查发票使用情况。

及时做好配票工作，与值班站长共同做好补币、补票的清点工作，并在运营开始一定时期内进行补币、补票，及时更换钱箱和票箱、清点钱箱，与各售票员结账，及时到票务处进行预收款的工作，在规定时间内做好打包返纳的准备工作及封箱工作。

统计好本班的车票、现金、发票、钥匙及票务设备备品情况，并在"值班员交接班本""票务钥匙交接记录本"上作相应的记录，与接班客运值班员按规定进行交接（夜班没有交接），退出 AFC 票务室 SC 系统。

夜班收车后完成相应的票务报表，按要求封好要加封的车票、现金。

夜班运营结束后到票务处检查对讲设备、卫生内务，检查有没有遗漏的车票、现金，检查乘客求助按钮、电器电源等。

协助值班站长、行车值班员做好车站非运营期间的工作，确保非运营期间的车站安全；按程序关站，运营结束后更换钱箱和票箱，开启钱箱、清点并打包、结账；填写报表，按要求封好要加封的车票、现金，及时将相关数据输入 SC 系统；在规定的解行时间内做好解行工作；在 AFC 票务室验明押运员身份，填写"现金缴款单""地铁公司装箱清单"，将缴款单、装箱清单与清点打包的票款一同装入缴款钱箱并上锁加封盖章，然后交予押运人员，并在押运单上签字（押运员在押运单上签字盖章）。

3）班后

班后到车控室，在"车站工作人员签到簿"上签字。

（2）晚班

1）班前

提前 30 分钟到岗，在车控室"车站工作人员签到簿"上签到，学习重要文件及上级指示精神。

在点钞室与上一班客运值班员进行交接。

检查车票、现金、钥匙、票务设备备品情况。

检查"客运值班员交接班本"是否按要求填写。

检查票务、乘客服务的文件通知，看是否有应注意的重点工作。

检查上一班的票务报表。

与交班客运值班员交接清楚后签名。

2）班中

填写各类台账、报表。

每两小时巡视一遍车站，检查售票员工作及 AFC 设备运行状态。

通过车站 SC 监控 AFC 设备运行情况，及时更换票箱及清点 TVM 钱箱；发现故障及时报设备调度；维修人员到场后，全程监控其工作。

运营结束前 5 分钟关闭所有 TVM 和进站闸机，到站厅协助值班站长做好对乘客的宣传解释工作。

运营结束后，与售/检票员结账，钱款封包，封包后与值班站长一起收取 TVM 钱款，核对钱款封包，填写相关台账，核对后签字确认。

完成部分报表台账。

开站前 20 分钟协助值班站长巡视各个出入口。

开站前 15 分钟做好配票工作，并检查售票员到岗情况，开启 TVM 和闸机。

完成本班全部报表、台账，整理票务室，准备交班。
同接班客运值班员交接，交接清楚后签名。

3）班后

班后到车控室，在"车站工作人员签到簿"上签字。

三、地铁值班员作业标准

车站客运值班员运营结算作业标准见表 7-5。

表 7-5 车站客运值班员运营结算作业标准

作业性质：例行	作业项目：车站客运值班员运营结算作业
作业条件	①运营结束后，售票员完成结算，所有投入服务的 TVM、AVM、闸机、单程票人工回收箱均已回收； ②运营结束后至凌晨 4 点前完成 AFC 设备数据录入及票务结算工作
作业工器具	①纸币、硬币钱箱钥匙 2 套； ②单程票清点机 1 部； ③硬币清分机 1 部
安全要点	①钱、票清点，报表填写，数据录入需认真复核，避免账实不符； ②确保票务室门处于锁闭状态，清点现金时在摄像头有效范围内清点； ③现金清点完毕后票款、备用金需分区放入保险柜
作业项目	作业步骤及标准
1. 钱、票清点	①清点 TVM、闸机回收的单程票，标准：两名站务人员双人清点 TVM、闸机回收的单程票，并在《车站 TVM 加票记录表》《车站闸机回收车票记录表》上如实记录，双人标准封装已清点的车票； ②清点 TVM、AVM 回收的现金，标准：客运值班员从值班站长处借用钱箱钥匙并做好记录后，和一名站务人员双人在摄像头有效范围内开启 TVM、AVM 回收的钱箱，严禁混点，并在《TVM（AVM）钱箱更换/清点记录表》上如实记录； ③清点人工回收箱的单程票，标准：两名当班站务人员双人清点单程票人工回收箱的单程票，并在《车站票务交接班登记本》上如实记录，双人标准封装已清点的车票
2. 数据录入	①单程票数据录入，标准：客运值班员根据《车站 TVM 加票记录表》《车站闸机回收车票记录表》中记录的机读数、实点数录入 SC，核对无误后保存数据；根据《车站票务交接班登记本》中记录的单程票人工回收箱废票数录入 SC，核对无误后保存数据； ②现金数据录入，标准：客运值班员根据《TVM（AVM）钱箱更换/清点记录表》，将 AVM 现金回收的机读数及实点数录入 SC，核对无误后保存数据；将 TVM 现金回收的机读数及实点数通过 SC 进行清空清点操作，核对无误后保存数据； ③免费客流录入，标准：客运值班员统计当日免费客流并录入 SC
3. 数据核算	①核算备用金和票款金额，标准：客运值班员核算 SC 上备用金金额、《备用金借出记录表》中站存备用金余额与备用金实点数是否相符，SC 上票款金额与《车站营收日报》中本日解行金额与票款实点数是否相符； ②核算车票数量，标准：客运值班员根据《车站 TVM 加票记录表》《车站闸机回收车票记录表》《车站票务交接班本》核算有效单程票、无效单程票、储值卡、各种预制票及其他类型车票的数量与 SC 上库存及实点数是否相符
4. 报表审核	①手工报表审核，标准：晚班值班站长负责审核当日所有票务报表，核实报表填写规范、数据准确； ②SC 统计报表审核，标准：客运值班员于次日凌晨 4 点后在 SC 上统计并审核《车站营收日报》《设备车票差异报表》《设备票款差异》，发现数据异常及时报值班站长、票务轮值监控
5. 装箱解行	①核对解行票款金额，标准：客运值班员与值班站长或站务员共同在摄像头有效范围内清点解行票款，核对解行实点金额与 SC 上票款金额与《车站营收日报》上本日解行金额是否相符，核对无误后将票款放入解行箱； ②解行箱封箱，标准：核对《现金缴款单》无误后放入解行箱上锁，卡封签双人盖章，解行箱按规定上锁后放于票务室摄像头有效范围内； ③解行箱交接，标准：押运人员到达票务室，客运值班员通过押运人员工作证、掌上电脑显示信息核对押运人员身份和车牌号无误，填写押运交接单，加盖押运交接专用章后将第三联留存，与押运人员交接解行箱

车站客运值班员交接班作业标准见表7-6。

表7-6 车站客运值班员交接班作业标准

作业性质：例行		作业项目：车站客运值班员交接班作业
作业条件	①接班客运值班员准时到岗；②交班客运值班员已完成本班应完成的工作；③当发生票、款数目有差异时，接班客运值班员需等交班客运值班员清点完毕后方可进行交接	
作业工器具	①点钞机1部；②硬币清分机1部	
安全要点	①防止备用金、票款、车票出现账实不符；②防止票务备品出现账实不符；③防止票务台账错填、漏填	
检查项目	作业步骤及标准	
1.清点备用金、票款、车票	①清点票务保险柜内的备用金，标准：将清点的金额与SC、《车站票务交接班登记本》上的备用金数据进行核对，确保备用金的准确；②清点票务保险柜内的票款，标准：将清点的金额与SC、《车站票务交接班登记本》上的数据进行核对，确保票款准确；③清点票柜内的车票，标准：将清点的单程票、废票、储值票、预制票、记次票等票种数量与SC、《车站票务交接班登记本》上的数据进行核对，确保车票数量准确	
2.清点票务备品	①清点票务钥匙，标准：清点票务钥匙数量，核对《票务钥匙使用记录表》，确保账实相符；②清点票务备品，标准：清点票务备品数量，核对《车站票务交接班登记本》，确保账实相符	
3.检查票务台账、报表	①检查《车站票务交接班登记本》，标准：各项内容是否填记清楚，备用金、票款、车票要做到账实相符；②检查《TVM补币记录表》，标准：核对记录表上的相关记录是否与SC上的数据相符；③检查《车站营收日报》，标准：检查票款金额与实际票款金额、SC上的票款金额是否相符；④检查《备用金借出记录表》，标准：检查当日退给乘客的备用金是否与记录表上的记录相符，备用金总额是否与《车站票务交接班本》、SC上的数据相符	
4.交接工作内容	①本班票务工作交接，标准：针对本班已完成、未完成的工作、设备运行情况进行详细描述；②新文件、通知、要求交接，标准：将当日收到的最新票务相关文件、通知、要求内容进行重点交接；③系统交接，标准：交班客运值班员退出SC系统，接班客运值班员使用自己的用户名、密码登录SC系统	

第四节 值班站长岗位职责及作业流程

【学习目标】

1. 掌握城市轨道交通值班站长通用标准及岗位技能。
2. 掌握城市轨道交通值班站长各项岗位职责。
3. 掌握城市轨道交通值班站长班前、班中、班后的作业流程。

值班站长是地铁车站正常运行的中枢神经，上接站长，下连客运值班员、行车值班员。值班站长对本班组在车站运作中发生的一切事物负责，所以对于当班车票、现金、票务备品安全、安排票务巡查工作、监控SC的运作等工作都要进行监督和管理。除此之外，对于一些票务紧急情况、乘客的纠纷有时值班站长也需要出面处理。

值班站长是一个需要全面负责的岗位，车站的业务管理、员工管理、设备监控都要求值班站长来处理，所以值班站长必须要有过硬的专业知识、专业技能，此外还要有丰富的车站行车和客运工作经验。

▶教学微视频◀
值班站长岗位
职责与作业程序

一、通用标准及岗位技能

1. 通用标准

按规定统一着装，挂牌上岗。
上岗时精神饱满，举止规范，态度和蔼。
遵章守纪，坚守岗位，服从车站管理。
认真负责，履行岗位职责，遵守职业道德。
扶老携幼，遵守公德，服务为本，不损害乘客利益。
服务语言文明，讲普通话，使用"您好、请、谢谢、对不起、再见"十字文明用语。

2. 岗位技能

掌握车站突发及紧急情况下的处理方法。
熟悉列车时刻表。
掌握 LOW（局域操作员工作站）的操作，以及 CCTV（电视监视器）、BAS（环境监控系统）、FAS（防火监控系统）的监控。
按照公司规定掌控有关车票、钱款的操作，确保车票、现金安全。
处理乘客的服务需求，解决与乘客的纠纷。
合理安排岗位，协调岗位工作。
其他需要掌握的技能。

二、岗位职责及作业流程

1. 岗位职责

值班站长一般负责本班全站日常的行车、客运管理、乘客服务、事故处理、设备日常管理、安全管理、员工培训、执法管理等工作。

（1）行车、客运和票务管理

听从行调指挥，执行行调命令，督导值班员接发列车。
负责本班车站的车票、现金安全。
督导操作 LOW（联锁站）。
负责安排 AFC 设备或其他票务运作系统设备巡站工作。
组织特殊、紧急情况下的车站工作。
根据需要巡视检查和指导各个岗位的工作。
督导票务流程的执行和票务系统的正常运作，现场处理与乘客的票务纠纷。
保管部分票务钥匙。
其他相关事项。

（2）乘客服务

处理特殊乘客的服务需求，如帮助突发状况的乘客、处理失物等。
处理乘客投诉、来访、乘客纠纷等。
督导本站各岗位按服务标准作业，提供优质服务。
处理、汇总当班的服务事件和问题，并及时向站长汇报。

对站外导向每两周巡视一次,并及时向有关调度报告巡视情况。
对站内的服务设施进行巡视,对故障情况及时报修和登记。
其他相关事项。

(3) 员工管理

按规定在班前组织接班员工召开接班会。
合理安排岗位,协调岗位工作。
对当班人员进行督导、检查、考核。
对当班员工进行培训、教育,掌握员工思想状况。
其他相关事项。

(4) 安全管理

确保行车、车站员工及乘客的安全。
确保车站收益安全、设备运行安全。
监督车站治安安全、消防安全工作。
负责监控和管理夜间站内的施工安全和防护。
负责定时全面巡视车站,定时巡视各类通道。重点的巡视内容为:消防设备设施的状态;屏蔽门的状态;扶梯运行状态;站台、站厅、通道、出入口设备设施的状态等。
处理违反本市"城市轨道管理规定"的行为。
负责车站各项安全检查。
及时向站长汇报安全情况。
其他相关事项。

(5) 员工培训

有些城市轨道车站值班站长还需负责本班组员工的实地业务培训,具体有:
组织实施车站培训工作,检查评定培训效果。
定期总结培训工作,提出改进意见或建议。
负责本班业务培训。

(6) 执法工作

佩戴执法证件上岗,按规定程序执法。
负责执法证件、文书、票据的管理交接。
填写相关票据,上交罚金和上报处罚情况。

2. 作业流程

(1) 班前

与前一班值班站长进行交接,熟知上一班的运营情况;早班值班站长负责参加中心站组织的接班会。
检查、清点钥匙、行车备品、对讲设备以及执法证、文书、票据等备品。
认真检查"当班情况登记本",具体内容大致如表7-7所示。

表7-7 当班情况登记本填写内容

序号	项目	内容
1	行车	①列车运行情况;②相关新通知;③施工情况
2	顾客服务	乘客事务

续表

序号	项目	内容
3	票务	①票务新通知；②客运值班员工作情况
4	其他事项	上级临时安排或车站发生的事
5	重点事项栏	一些重点工作的完成时间和负责人

检查各种台账记录并做好交接。如"钥匙管理登记本""施工登记本""每日运营重要信息""故障设备设施跟踪处理表""中心站交班会会议记录本""每日防火巡查本""调度命令本""行车日志""设施故障登记表"等。

检查文件、通知，核实夜班完成或未完成的工作，在接班中对模糊、有疑点的问题要问清楚。

完成交接后，早班要在"当班情况登记本"上签名。签名后如出现因交接不清的问题时，由接班值班站长负责。

(2) 班中

检查人员到岗情况，安排好各岗位的工作。遇突发事件，应及时了解详细情况，到现场担任事故处理组长，并及时向有关生产安全组及相关领导报告事故处理情况。

按消防安全要求对车站全部设备进行一次检查，包括站厅、通道、站台以及各设备房。

安排所有 TVM 纸币钱箱的更换与清点工作；跟客运值班员结账，开启尾箱；到 AFC 室进行打包返纳的确认与尾箱加封工作；监控客运值班员的交接。

定时（运营时间内）全面巡视车站，重点的巡视内容为：消防设备设施的状态；屏蔽门的状态；扶梯运行状态；站台、站厅、通道设备设施的状态等。

督导各岗位员工按章作业，发现违章情况及时作出处理。

运营开始或结束时，负责车站的清客、开关站。开站时确认出入口、扶梯、照明、AFC 设备状态良好，应在首班载客列车到站前 X 分钟巡视全站，首班载客列车到站前 X 分钟完成开启出入口大门、扶梯的工作，并巡视全站。关站时清站，确认出入口、扶梯、照明、AFC 设备全部关闭。

监控车站当天的施工情况，负责设置特殊指示灯、带施工人员到端墙。

及时处理、跟踪当班发生的乘客特殊事务及服务投诉事件。

安排、顶替有关岗位职工用餐。

对站内服务设施进行巡视，发现故障按规定进行报修和跟进；对商铺进行日常管理，如监督商铺物品摆放情况等。

组织所有接班员工、班中可参加的其他员工（如学员、顶岗班人员等）召开接班会，具体内容如表 7-8 所示。

表 7-8 交接班内容

序号	内容
1	参加接班会的员工立岗，值班站长检查员工的仪容仪表
2	传达中心站交班会的会议精神
3	重要文件、通知的传达
4	运营信息的传达

(3) 班后

与下一班值班站长做好交接工作。

检查本班所填写的台账"钥匙管理登记本""施工登记本""车站巡视检查本""每日防火巡查本""行车日志""故障设备设施跟踪处理表"。

在"当班情况登记本"上签名。

第五节 车站日常运作管理

【学习目标】
1. 掌握城市轨道交通开站客运准备工作要点。
2. 掌握城市轨道交通关站客运准备工作要点。
3. 掌握城市轨道交通车站开站作业标准。
4. 掌握城市轨道交通车站关站作业标准。

车站运作管理是城市轨道交通运营管理最基础也是最重要的环节。车站是城市轨道交通面对乘客的服务窗口和形象标识,为实现地铁正常运作,上至值班站长,下至站务员、安全员,都应熟练掌握车站的开放和关闭程序,在工作过程中应牢记各自的工作职责、作业程序和特别注意事项,并能够相互配合、协调工作,使车站以最优的方式正常运转,以最高的效率服务于乘客。

本节主要介绍车站的开放和关闭程序以及车站各岗位的工作内容,通过学习应熟练掌握车站开放和关闭程序及各工作岗位的工作程序。

一、开站客运准备工作

▶教学微视频◀
城市轨道交通
车站开站作业

首班车到站前30分钟,客运值班员检查售票员到岗情况,给售票员配好票、款,并对BOM进行管理卡认证。

首班车到站前15分钟,值班站长打开车站正常照明;售票员领票、款后到客服中心上岗,管理卡认证成功后登录BOM,插入工号牌,开始窗口服务。

首班车到站前10分钟,值班站长开启所有TVM、AVM和进出站闸机;厅巡、站厅保安开启车站各出入口、自动扶梯和垂直电梯,开始运营服务。

车站开站各岗位的作业内容具体见表7-9。

表7-9 车站开站各岗位的作业内容

序号	责任人	内容
1	行车值班员	通勤车到站前30分钟,按规定试验道岔、安排人员试开关屏蔽门,检查站台和线路出清情况,并汇报行调。通勤车到站前10分钟安排人员到站台接发通勤车
2	行车值班员	首班载客列车到达前30分钟,通过EMCS/BAS开启环控系统并检查运行情况
3	行车值班员	首班载客列车到站前15分钟打开照明开关,并开启AFC设备(除闸机外)
4	行车值班员	首班载客列车到站前10分钟开启闸机
5	售票员	首班载客列车到站前30分钟到站领票,首班载客列车到站前12分钟到岗
6	值班站长	首班载客列车到站前20分钟巡视全站,首班载客列车到站前10分钟完成开启出入口大门、扶梯的工作,并巡视全站
7	行车值班员	向乘客广播候车的注意事项

二、关站客运准备工作

▶教学微视频◀
城市轨道交通
车站关站作业

末班车开出前 10 分钟，行车值班员开始末班车提示广播。

末班车开出前 5 分钟，行车值班员暂停 TVM 和进站闸机，通知售票员停止售票。

末班车开出前，站台保安进行站台检查，确认站台乘客均已上车，无异常情况。

末班车开出后（始发/终到站为末班车到站后），厅巡和站厅保安进行车站清客，关闭车站自动扶梯、垂直电梯和各出入口。

车站关站各岗位的作业内容具体见表 7-10。

表 7-10 车站关站各岗位的作业内容

序号	责任人	内容
1	值班站长	尾班车到达前 15 分钟到站厅监督检查站厅、站台、行车值班员等各岗位情况（特别是尾班车广播的播放，告示的设置情况）
2	行车值班员	上/下行尾班车开出前 5 分钟关闭 TVM，通知停止售票和进站检票工作，并监控尾班车的广播播放情况
3	值班站长	最后一趟载客列车到达前 5 分钟确认所有 TVM、入闸已关闭，监控停止售票广播的播放情况
4	巡视岗	最后一趟载客列车到达前 5 分钟在 TVM、每组进闸机前摆放停止服务告示牌
5	售票员	收拾票、钱，整理票务处备品，注销 BOM，回 AFC 点钞室结账
6	客运值班员	与售票员结账
7	值班员	运营结束后，执行车站节电照明模式
8	值班站长	清站，确认出入口关闭，扶梯、照明、AFC 设备全部关闭

地铁车站运营前检查作业标准见表 7-11。

表 7-11 车站运营前检查作业标准

作业性质:例行	作业项目:车站运营前检查作业
作业条件	①线路投入运营前，经行调批准后，由值班站长组织进行
作业工器具	①屏蔽门 101 钥匙 1 套； ②手提探照灯 1 个； ③拾物钳 1 把
安全要点	①防止作业人员、工器具擅自侵入限界； ②防止人员、物品掉落轨行区； ③防止屏蔽门夹伤人员
检查项目	作业步骤及标准
1.屏蔽门状态	①检查就地控制盘(PSL)，标准:使用 101 钥匙开关屏蔽门，整侧屏蔽门正常开启和关闭，屏蔽门关闭时，PSL 盘关闭指示灯亮绿灯； ②检查滑动门状态，标准:滑动门开启后门头灯常亮红灯，关闭后，滑动门紧闭，门头灯红灯灭； ③检查应急门状态，标准:应急门处于正常锁闭状态，相邻滑动门的门头灯不亮； ④检查端门状态，标准:端门处于正常锁闭状态； ⑤检查车控室 PCS 控制盘状态，标准:故障指示灯未亮红灯，关门指示灯常亮绿灯； ⑥检查监控亭 PSAP 控制盘状态，标准:屏蔽门正常关闭时，所有指示灯不亮
2.站内线路巡视	①检查接触网状态，标准:目视范围内目测接触网连接正常，无脱落、断线现象； ②检查线路状态，标准:目视范围内无异物侵入限界，无渗漏水和积水现象； ③检查站台头、尾端墙情况，标准:目视范围内无施工遗留工器具，无存放影响行车物品

续表

检查项目	作业步骤及标准
3.联锁站道岔功能测试	①检查LOW机操作状态,标准:LOW机能正常登录,各项指令可正常操作; ②检查道岔状态,标准:道岔转换后道岔位置以黄色光带显示,转换到位后无短闪、长闪现象
4.重要设备状态	①检查低压供电状态,标准:车站工作照明及各项设备供电正常; ②检查环控系统状态,标准:冷水机组和风机运作正常,EMCS、FAS监控系统上无红色、黄色报警显示
5.行车备品	①行车备品数量,标准:行车台账、行车备品齐全; ②行车备品状态,标准:行车备品功能可正常使用
6.收尾工作	①确认屏蔽门和端门处于正常锁闭状态; ②行车值班员向行调汇报运营前检查工作情况

地铁车站开站作业标准见表7-12。

表7-12　地铁车站开站作业标准

作业项目:车站开站作业

作业条件	①首班车到达前30分钟,由值班站长组织当班员工进行; ②运营前检查完毕; ③TVM加票加币完成
作业工器具	①各出入口钥匙; ②自动扶梯钥匙
安全要点	①防止自动扶梯夹伤; ②防止客伤; ③防止开站延误导致投诉

作业项目	作业步骤及标准
1.开启AFC设备	①开启设备,标准:首班车到站前10分钟,在车控室SC上依次开启TVM、闸机,确认所有TVM、AVM、闸机图标为绿色状态; ②确认状态,标准:检查站厅所有AVM、TVM、闸机状态,确认AVM、TVM显示正常,后门关闭,闸机进出站状态箭头显示正确
2.开启照明	①开启模式,标准:首班车到站前15分钟,在MCP上依次开启站厅、站台工作照明,确认相应模式的LED灯显示正确; ②确认状态,标准:检查站厅、站台工作照明,确认无故障灯具
3.开启自动扶梯	①开启设备,标准:首班车到站前10分钟,携带钥匙在现场开启自动扶梯,开启前须确认梯级上无人、无杂物; ②确认状态,标准:检查自动扶梯无异常声响,运行方向正确,垂直电梯升降正常
4.开启出入口卷闸门	①开启设备,标准:首班车到站前10分钟,携带钥匙在现场开启各出入口卷闸门; ②确认状态,标准:检查卷闸门完全打开,出入口无障碍物,光线较弱影响乘客通行时,须开启出入口照明
5.准备窗口服务	①办理配票,标准:首班车到站前15分钟,售票员到票务室领取钱、票、器具并到达客服中心; ②办理交接,标准:首班车到站前10分钟,售票员在客服中心与客运值班员交接客服中心工器具,并在交接班本上签字; ③准备服务,标准:开启BOM、对讲设备,插好服务牌,摆放好钱、票、器具,开始服务

地铁车站关站作业标准见表7-13所示。

表 7-13 车站关站作业标准

作业项目:车站关站作业	
作业条件	①最后一班车开出前 10 分钟开始,由值班站长组织当班员工进行
作业工器具	①各出入口钥匙; ②自动扶梯钥匙
安全要点	①防止自动扶梯夹伤; ②防止客伤; ③防止闲杂人员逗留车站
作业项目	作业步骤及标准
1.播放广播	①单方向末班车广播,标准:上行方向或者下行方向末班车开出前 10 分钟,在车控室电脑上使用播放器,选择站厅区及出入口区播放该方向的末班车广播; ②关站广播,标准:最后一班车开出前 5 分钟,选择站厅区、站台区、各出入口区播放关站广播
2.售票窗口服务	①停止进站服务,标准:最后一班车开出前 5 分钟,售票员停止出售进站单程票; ②关闭售票窗口,标准:清客完毕后,售票员停止客服中心服务,关闭 BOM、对讲设备,摆放好暂停服务牌,收拾好钱、票、工器具,与客运值班员交接客服中心工器具,并在《交接班本》上签字后锁闭客服中心,回票务室结算
3.关闭 AFC 设备	①关闭设备,标准:最后一班车开出前 5 分钟,在车控室 SC 上依次关闭 TVM、AVM、进站闸机; ②确认状态,标准:在 SC 上确认所有 TVM、AVM、进站闸机图标为灰色状态,现场检查确认进站闸机、AVM、TVM 正常关闭,显示暂停服务
4.清客	①站台清客,标准:最后一班车开出前,确认站台乘客均已上车,无异常情况; ②全站清客,标准:最后一班车开出后,进行全站清客,确认无乘客及闲杂人员逗留车站
5.关闭自动扶梯	①关闭设备,标准:清客完毕后,携带钥匙到现场关闭自动扶梯、垂直电梯,关闭自动扶梯时严禁使用紧急停止按钮; ②确认状态,标准:自动扶梯关闭后确认无报警信息,运行状态显示为禁止信号,垂直电梯关闭后确认按压上行或下行按钮无作用
6.关闭照明	①关闭照明,标准:清客完毕后,在 MCP 盘上依次关闭站厅、站台工作照明,确认相应模式的 LED 灯熄灭,执行车站节电照明模式; ②确认状态,标准:现场确认站厅、站台工作照明是否正常关闭,节电照明模式执行是否成功
7.关闭出入口卷闸门	①关闭设备,标准:清客完毕后,携带钥匙在现场关闭各出入口卷闸门及出入口照明; ②确认状态,标准:现场确认卷闸门全部关闭,未留有空隙,卷闸门开关按钮盒已锁闭

【本章实践】

分小组完成以下任务:

1.根据所学知识,结合给定的车站开放和关闭程序,现场模拟演练车站开、关站各工作岗位的工作程序。

2.完成上述任务后,进行小组自评和互评,最后教师讲评,取长补短,开拓完善知识内容。

参考文献

[1] 李建国.城市轨道交通系统概论.北京：机械工业出版社，2009.
[2] 上海申通地铁集团有限公司和轨道交通培训中心.城市轨道交通概论.北京：中国铁道出版社，2009.
[3] 裴瑞江.城市轨道交通客运组织.北京：机械工业出版社，2009.
[4] 人力资源和社会保障部教材办公室，广州市地铁铁道总公司.站务人员.北京：中国劳动社会保障出版社，2009.
[5] 郭学琴.城市轨道交通客流特征分析.现代城市轨道交通，2008（4）：49-51.
[6] 何宗华，汪松滋，何其光.城市轨道交通车站机电设备运行与维修.北京：中国建筑工业出版社，2006.
[7] 毛保华.城市轨道交通系统运营管理.北京：人民交通出版社，2006.
[8] 毛保华.城市轨道交通规划与设计.北京：人民交通出版社，2006.
[9] 张庆贺，朱合华，庄荣.地铁与轻轨.北京：人民交通出版社，2006.
[10] 何宗华，汪松滋，何其光.城市轨道交通运营组织.北京：中国建筑工业出版社，2003.
[11] 张国宝.城市轨道交通运营组织.上海：上海科学技术出版社，2006.
[12] 李三兵.城市轨道交通车站客流特征与服务设施的关系研究.北京：北京交通大学，2009.
[13] 赵时旻.轨道交通自动售检票系统.上海：同济大学出版社，2007.
[14] 陈兴华.地铁设备监理.北京：中国铁道出版社，2007.
[15] 中华人民共和国住房和城乡建设部，中华人民共和国国家质量监督检验检疫总局.地铁设计规范：GB 50157—2013.北京：中国建筑工业出版社，2013.
[16] 陈忠兴，韩西安，王富章.浅谈轨道交通乘客资讯系统.计算机与轨道交通，2006.
[17] 王世伟.城轨客运组织.成都：西南交通大学出版社，2014.
[18] 吴海军，柴小春.重庆.重庆：重庆大学出版社，2017.
[19] 代宝乾，汪彤，宋冰雪.轨道交通大客流应对与控制.北京：人民交通出版社股份有限公司，2018.
[20] 朱海燕.城市轨道交通客运组织.北京：中国铁道出版社，2009.
[21] 中华人民共和国交通运输部.城市轨道交通客运组织与服务管理办法.（2019-10-19）[2021-3-18].http://www.gov.cn/xinwen/2019-10/27/content_5445538.htm.
[22] 中华人民共和国交通运输部.城市轨道交通运营管理规定［R/OL］.（2018-5-21）[2021-3-18].http://www.mot.gov.cn/zhengcejiedu/chengshigdjtyyglgd/xiangguanzhengce/201806/t20180608_3030948.html.
[23] 地铁设计规范：GB50157—2013.北京：中国建筑工业出版社，2014.